몽글몽글 글씨를 그려요

띠웅's

타이포 그래피

WITH 프로크리에이트

다산스마트에듀

어릴 때부터 그림 그리기를 무척 좋아했습니다. 내가 상상한 세계를 눈으로 볼 수 있게 그리는 매력에 흠뻑 빠졌었죠. 자연스럽게 진로를 미술로 정했고, 대학에서는 영상디자인을 전공했습니다. 영상디자인도 매력적이긴 했지만, 컴퓨터를 활용하고 정해진 기준에 따라 작업하는 것이 많았습니다. 컴퓨터로 하는 디자인보다 손으로 직접 그리는 그림이 더 좋았고, 틀에 따라 작업하는 거보다 내가 생각하는 것을 자유롭게 표현하는 게 더 좋았습니다.

그러던 어느 날, 우연히 한 가수의 뮤직비디오를 보고 영상 색감과 노래에 매료되었습니다. '이 노래 제목에 내가 받은 영감을 투영해서 표현하면 재밌겠다!'라는 생각이 들었고, 책상 한편에 내버려둔 아이패드를 꺼냈습니다. '작고, 귀엽고, 반짝이는 내가 좋아하는 것들….' 그렇게 나를 담은 타이포그래피를 시작했습니다.

인스타그램과 유튜브에 다양한 작품을 올리며, 많은 분의 관심을 받게 되었고, 작품을 올릴 때마다 마다 많은 분들이 '이런 건 어떻게 하는지', '어떤 앱으로 그리는지', '어떤 도구를 사용하는지' 등 궁금증 가득한 댓글을 달아 주셨습니다.

보통 글씨는 '쓴다'라고 표현하죠. 그러면, 글씨를 '그려'본 적은 있으신가요?

책을 읽다 꽂히는 문구, 요즘 매일 듣는 노래 제목, 길을 가다 눈에 띄는 간판, 오늘도 먹은 과자와 아이스크림, 좋아하는 신발 브랜드, 기념하고 싶은 특별한 날, 그리고 문득 떠오르는 수많은 단어와 문장들….

어떤 단어를 보고 떠오르는 이미지를 글자에 담아 표현하기 위해서는 글씨를 '그려'야 합니다. 그림을 그리는 것과는 또 다른 매력이 있는 타이포그래피. 단순히 글씨를 '쓴다'에 그치지 않고, 글씨를 '그리는' 즐거움을 알려드리고 싶었습니다. 그림을 잘 못 그려도 괜찮습니다. 어려운 드로잉 기술이나 전문적인 디자인 방법은 필요 없습니다. 단 몇 개의 브러시와 캔버스로 누구나 쉽고 편리하게 글씨를 '그리고', '예쁘게 꾸밀' 수 있습니다.

프로크리에이트는 SNS에서 볼 때는 쉽게 따라 할 수 있을 거 같은데, 막상 사용해 보면 너무 많은 기능과 처음 보는 도구들까지, 어디서부터 시작해야 할지 막막합니다. 프로크리에이트가 처음이어도 괜찮습니다. 프로크리에이트의 기초적인 사용법은 물론이고, 광활하고 아득한 캔버스에 아이디어를 실제로 구현하는 법, 거기에 나만의 감성을 한 스푼 더하는 방법까지 알려드리고자 노력했습니다.

저도 프로크리에이트를 활용해 처음 타이포그래피를 시작했을 때, 마음에 드는 작품을 보면 '와, 나도 따라 해 보고 싶다. 뭐로 그린 걸까?'라는 생각이 들곤 했습니다. 이 책을 차근차근 따라 하다 보면 연필보다 애플펜슬에 더 익숙해질 거고, 마지막 장을 넘길 때쯤에는 '띠웅' 작품보다 훨씬 멋지고 SNS 조회 수 높은 작품을 만드는 여러분을 만날 수 있기를 기대합니다.

무엇보다 이 책을 통해 제가 느꼈던, 글씨를 '그리는' 즐거움과 행복감을 여러분도 꼭 경험하시길 간절히 바라봅니다.

2025년 겨울

띠웅 드림

차례

©DDWOONG

©띠웅

이 책의 구성

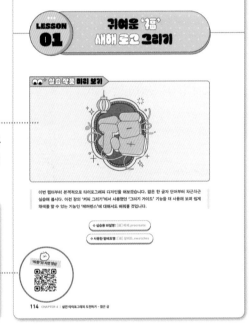

✦ A부터 Z까지, 띠웅의 노하우를 모두 담은 친절한 설명 ✦

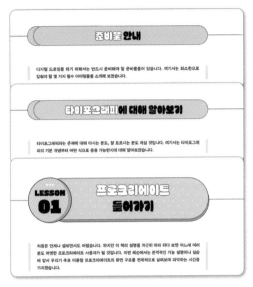

기본부터 차근차근

기본 준비물부터 타이포그래피 개념 설명,
프로크리에이트 기초 다루기까지!
초보자도 알기 쉽게 단계별로 정리해 알려드립니다.

본격 실습 전 이해하기 쉬운 사전 안내

레슨 시작 페이지에 실습 작품 미리보기부터 실습용 파일과 사용한 팔레트, 영상 자료까지 실습을 위해 필요한 모든 것을 이해하기 쉽도록 구성했습니다.

띠웅 튜토리얼 영상

작가가 직접 제작한 실습 과정이 담긴
영상 QR 제공합니다.

한눈에 파악 가능한 구성

따라 하기 쉽도록 설명과 이미지에 번호를 추가했습니다.

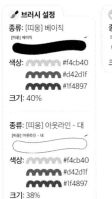

✎ 브러시 설정

종류: [띠옹] 베이직

색상: #f4cb40
#d42d1f
#1f4897

크기: 40%

종류: [띠옹] 아웃라인 - 대

색상: #f4cb40
#d42d1f
#1f4897

크기: 38%

◆ 지우개 설정

종류: [띠옹] 베이직

크기: 6%

🖌 색상값 목록

햄버거&콜라 외곽선: #3b3b3b
빵 색깔: #0c891
양상추: #b3d24c
패티: #ac704a
토마토: #ee7d7a
치즈: #fdd56c
콜라 뚜껑 음영: #cacaca
콜라컵: #ee7d7a
빨대: #7adfee

띠옹의 오리지널 브러시 활용 안내

그림을 그리고 글씨를 쓰는 데 가장 중요한 브러시 및 지우개 설정과 사용된 색상값 등을 자세히 안내합니다.

유의해야 할 내용은 팁 박스로 강조

'주의!', '참고!', '기억해요!' 등의 내용으로 유의할 내용이나 기억해 두어야 할 내용을 안내해 드립니다. 덕분에 실습 중에 헷갈리거나 헤매지 않을 수 있습니다.

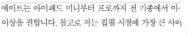

에이트는 아이패드 미니부터 프로까지 전 기종에서 이- 이상을 권합니다. 참고로 저는 집필 시점에 가장 큰 사이

🧠 기억해요!

레이어를 새로 만들거나 복제한 경우에는 미리 알아보기 쉬운 이름으로 변경해 두면 나중에 어떤 레이어인지 구분하기 편리합니다.

⚫ 주의!

특자분들의 사양과는 다를 수 있습니다!
아이패드 기종별로 기본 인터페이스나 작업 환경에는 차이가 없지만, 생성 가능한 레이어 수 등에서 약간의 사양 차이가 발생할 수 있으니 이 점 유의해 주세요!

◆ 참고!

저는 아이패드 프로 12.9인치 3세대를 시작으로 얼마 전까지는 아이패드 프로 12.9 5세대를 사용하다가 최근에는 M4 칩이 탑재된 최신형 아이패드 프로 13인치를 사용 중입니다.

띠옹만의 요령이 가득한 꿀팁 제공

작업 속도와 완성도를 높여 주는 프로크리에이트 활용 요령을 상세히 안내합니다.

내 맘대로 원하는 제스처 설정하기

[동작]-[설정]-[제스처 제어]에 들어가면 원하는 대보고 내가 활용하기 좋은 제스처로 설정합니다.

선택 범위 조절하기

[자동]을 사용할 때 [선택 한계값]이 너무 높으면 내가때는 선택하고 싶은 부분을 터치한 상태로 애플펜슬을

✦ 실습을 위한 디지털 드로잉 도구 모두 제공 ✦

브러시 & 캔버스

책 실습용 브러시 5종, 기본 종이 질감 캔버스 1종을 제공합니다.

팔레트 & 밑그림

실습 작품마다 필요한 색상이 담긴 팔레트와 레이어로 적용하여 참고할 수 있는 밑그림을 제공합니다.

준비물 안내

디지털 드로잉을 하기 위해서는 반드시 준비해야 할 준비물들이 있습니다. 여기서는 최소한으로 갖춰야 할 몇 가지 필수 아이템들을 소개해 보겠습니다.

아이패드

수많은 태블릿 중에서도 아이패드를 선택한 가장 큰 이유는 '프로크리에이트'라는 그림 앱이 아이패드에서만 사용 가능하기 때문입니다. 그만큼 프로크리에이트는 그림을 그리는 사람들 사이에서 독보적 위치를 차지하고 있습니다.

가격은 다소 비싸지만 그림을 그리는 것 외에도 영상, 필기 등 다양한 업무를 얇은 태블릿 하나로 모두 이용할 수 있다는 것이 아이패드의 큰 장점입니다.

+기종(모델)

아이패드에는 기본 아이패드와 함께 아이패드 미니(가장 작은 사이즈), 아이패드 에어, 아이패드 프로 시리즈가 있습니다. 우리가 주로 사용할 프로크리에이트는 아이패드 OS 16.3 이상의 운영체제를 필요로 하기 때문에 이를 지원하고, 애플펜슬을 연결해 사용할 수 있는 기종이면 됩니다. 보통 취미용으로는 기본 아이패드와 아이패드 에어를, 영상 편집이나 그래픽 작업까지 함께 하실 생각이라면 전문가용인 프로 버전을 권합니다.

+용량

최소 128GB 이상을 추천합니다. 프로크리에이트로 그림을 그리는 것 자체는 용량이 크게 필요하지 않지만, 그 외에 레퍼런스 자료를 다운받거나, 고해상도 인쇄용 작업을 하거나, 영상 편집 등의 작업을 하실 생각이라면 그보다 높은 256GB 이상을 추천합니다.

+크기

아무래도 태블릿의 크기가 클수록 그림을 그리거나 기타 작업을 하기에 훨씬 용이합니다. 프로크리에이트는 아이패드 미니부터 프로까지 전 기종에서 이용할 수 있지만, 그림을 그리는 데는 11인치 이상을 권합니다. 참고로 저는 집필 시점에 가장 큰 사이즈인 프로 13인치를 사용하고 있습니다.

> **☀ 주의!**
> **독자분들의 사양과는 다를 수 있습니다!**
> 아이패드 기종별로 기본 인터페이스나 작업 환경에는 차이가 없지만, 생성 가능한 레이어 수 등에서 약간의 차이가 발생할 수 있으니 이 점 유의해 주세요!

> **◆ 참고!**
> **작가의 아이패드 기종**
> 저는 아이패드 프로 12.9인치 3세대를 시작으로 얼마 전까지는 아이패드 프로 12.9인치 5세대를 사용하다가 집필 시점에는 M4 칩이 탑재된 최신형 아이패드 프로 13인치를 사용했습니다.

애플펜슬

현재까지 출시된 애플펜슬은 모두 네 종류가 있습니다. 기본 모델인 애플펜슬에는 1세대와 2세대가 있고, 여기서 아이패드와의 연결 없이 자체 충전이 가능하도록 만든 것이 애플펜슬 USB-C 모델입니다. 그리고 집필 시점 기준 가장 최근에 발매된 애플펜슬 프로가 있습니다. 이것들을 편의상 각각 1세대, 2세대, 2.5세대, 3세대로 부르도록 하겠습니다.

이 애플펜슬은 각 모델별로 사용 가능한 아이패드 기종이 한정되어 있습니다. 혹시 아이패드만 가지고 있어 추가로 별도 구매하실 경우에는 반드시 본인이 사용하는 아이패드 기종에서 사용할 수 있는 것인지 확인이 필요합니다. 이에 대해서는 애플 공식 홈페이지(https://www.apple.com/kr/apple-pencil/)를 확인해 주세요.

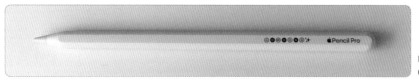

띠웅이 사용 중인
애플펜슬 프로(3세대)

애플펜슬 기종			
1세대	2세대	2.5세대(USB-C)	3세대(애플펜슬 프로)
- iPad Pro 12.9(1세대 및 2세대) - iPad Pro 10.5 - iPad Pro 9.7 - iPad Air(3세대) - iPad(6세대, 7세대, 8세대, 9세대 및 10세대) - iPad mini(5세대)	- iPad Pro 12.9(3세대, 4세대, 5세대 및 6세대) - iPad Pro 11(1세대, 2세대, 3세대 및 4세대) - iPad Air(4세대 및 5세대) - iPad mini(6세대)	- iPad Pro 13(M4 모델) - iPad Pro 11(M4 모델) - iPad Air 13(M2 모델) - iPad Air(4세대 및 5세대) - iPad mini(6세대) - iPad Pro 12.9(3세대, 4세대, 5세대 및 6세대) - iPad Pro 11(1세대, 2세대, 3세대 및 4세대) - iPad Air 11(M2 모델) - iPad(10세대)	- iPad Pro 13(M4 모델) - iPad Pro 11(M4 모델) - iPad Air 13(M2 모델) - iPad Air 11(M2 모델)

위 표의 왼쪽 첫 열 머리글: 사용 가능한 아이패드 기종

프로크리에이트

아이패드에서 사용할 수 있는 디지털 드로잉 앱은 프로크리에이트를 비롯해 클립스튜디오, 어도비 프레스코 등 다양한 앱들이 있습니다. 그 가운데 프로크리에이트가 전 세계적으로 유료 앱 순위 1등을 할 만큼 가장 인기가 많고 모두가 추천하는 이유가 무엇일까요?

무엇보다 매달·매년 지불하는 구독형이나 앱 내에서 추가 결제할 필요 없이 첫 다운로드 때 비용을 지불하면 이 한 번의 구매로 계속해서 사용할 수 있다는 점 때문이 아닐까 합니다. 또한 기계를 교체하더라도 애플 계정에 구매 이력이 남아 있다면 새로운 기기에도 다시 다운받을 수 있습니다.

또한 인터페이스가 간단하고 직관적이기 때문에 초보자가 사용하기에도 편리합니다. 현재 가장 많이 이용되고 있는 디지털 드로잉 앱인 데다가 애플에서도 공식적으로 지원하고 있으므로 앞으로 드로잉 시장에서의 활용도가 계속 높아질 것으로 보입니다.

앱 구매 및 다운로드는 아이패드의 앱스토어(App Store)에서 '프로크리에이트(Procreate)'를 검색하고 앱 이름 아래의 가격이 쓰여 있는 파란 버튼을 터치하고 진행하면 됩니다. 단 아이패드 자체를 처음 이용하시는 분이라면 애플 계정이 있어야만 구입이 가능하니 계정을 생성하고, 지불 수단을 등록한 후 진행해 주세요.

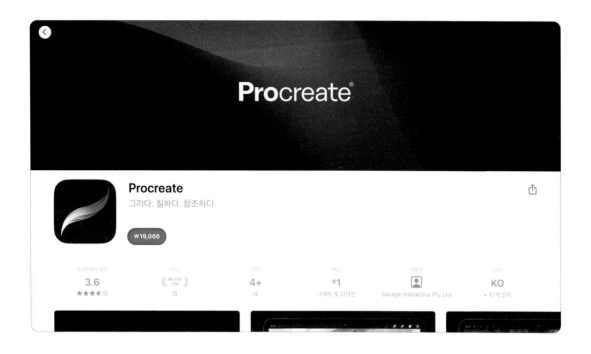

아이패드 액세서리

아이패드를 조금 더 효율적으로 사용하기 위해서는 다양한 액세서리를 이용하면 좋습니다. 제가 사용 중인 것을 바탕으로 아이패드 드로잉 시 활용하면 더욱 편리한 액세서리를 소개하겠습니다.

+ 필름

종이가 아닌 미끌미끌한 유리 화면에 무언가를 그리려니 처음에는 매우 어색할 겁니다. 저도 처음에 별생각 없이 아무 보호 필름이나 사용했더니 글씨가 마구 삐뚤거릴 정도로 적응이 힘들었습니다. 그래서 찾아본 것이 바로 종이 질감 필름입니다. 종이 질감 필름을 붙이면 이름 그대로 화면에 종이 질감처럼 마찰력이 생겨서 실제 연필로 종이에 쓰는 것과 비슷한 감촉과 소리가 납니다.

종이 질감 필름을 붙이면 화면이 약간 뿌옇게 보이고 애플 펜슬의 펜촉이 더 빨리 마모된다는 단점이 있지만, 액정 위에서 조금 더 편하게 그리기 위해서는 반드시 필요합니다.

띠웅이 사용 중인 종이 질감 필름

11

+펜촉

질감이 있는 필름을 사용할 경우 애플펜슬 펜촉이 지나치게 빨리 마모되는 단점이 있습니다. 그래서 이를 보완하고 보다 나은 필기감을 위해 사설 업체에서 만든 여러 가지 펜촉이 시중에 판매되고 있습니다. 실제 필기구와 비슷한 필기감이 들거나 내구성을 강화한 메탈 소재 펜촉 등 다양한 것들이 많습니다.

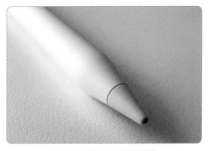

띠웅이 사용 중인 정품 펜촉

다만 정품이 아닌 펜촉을 사용할 경우에는 펜촉과 아이패드 화면 사이에 미세한 유격이 존재하는 경우도 있어서 그리는 데 불편함이 발생할 수도 있으니 유의해서 선택해야 합니다.

저는 기본 정품 애플펜슬 펜촉을 이용 중입니다. 어느 정도 마모가 되긴 했지만 정품 펜촉으로도 충분한 필기감을 느낄 수 있을 뿐만 아니라 2년 넘게 문제없이 사용하고 있습니다.

+케이스

케이스는 3단으로 접히는 형식의 폴리오 케이스를 추천합니다. 드로잉을 할 때는 오랜 시간 책상에 앉아 고개를 숙인 자세로 태블릿을 보게 되기 때문에 손목과 목에 많은 무리가 갑니다. 이런 점을 개선하기 위해서라도 높낮이가 조절되는 케이스는 필수입니다. 거치대도 이와 비슷한 기능을 하지만, 아이패드를 보호하는 역할과 거치대 기능을 모두 가졌고 간편히 휴대할 수 있기 때문에 폴리오 케이스를 조금 더 추천드립니다. 실제로 저도 아이패드를 처음 구매했을 때부터 항상 사용하고 있는 형태의 케이스입니다.

띠웅이 사용 중인 ESR 아이패드 폴리오 케이스

실습용 파일 다운로드

실제 종이에 그림을 그리기 위해서는 종이, 연필, 물감 등이 필요합니다. 이런 도구가 디지털 드로잉에서는 캔버스와 브러시, 팔레트 등에 해당합니다. 이 책에서는 실습 작품 완성을 위한 예제 밑그림을 포함한 디지털 드로잉 도구를 제공합니다. 실습을 진행하기 전에 다음 링크나 QR 코드에 접속하여 실습용 파일을 반드시 다운로드해 주세요.

압축 파일 비밀번호

dasan_ddwoong

+ 실습용 브러시와 팔레트 불러오기

❶ 아이패드 카메라로 위의 QR 코드를 스캔합니다.

❷ 구글 드라이브로 이동하여 '실습용.zip' 파일을 선택한 후 [다운로드] 버튼을 클릭합니다.

❸ 다운로드한 파일은 아이패드의 [파일]-[다운로드] 폴더에서 확인할 수 있습니다.

❹ '실습용.zip' 파일을 터치한 뒤 비밀번호를 입력해 압축을 풀면 '실습용' 폴더가 생성됩니다.

❺ [실습용]-[브러시&캔버스] 폴더로 이동해 '띠웅_실습용.brushset' 파일을 터치하면 프로크리에이트 앱이 실행되며 브러시가 추가됩니다.

❻ [실습용]-[팔레트] 폴더로 이동해 원하는 팔레트를 터치(예: [띠웅 이발] 팔레트.swatches)하면 팔레트가 바로 적용됩니다.

* 추가된 브러시와 팔레트는 프로크리에이터 앱의 캔버스 화면에서 바로 확인할 수 있습니다.

+ 실습용 종이 질감 캔버스 불러오기

❶ [실습용]-[브러시&캔버스] 폴더에서 '©DDWOONG paper canvas.procreate' 파일을 터치하면 자동으로 캔버스가 생성됩니다.

❷ 또는 프로크리에이트를 실행하고 [가져오기]-[다운로드]-[실습용]-[브러시&캔버스]-[©DDWOONG paper canvas.procreate] 순으로 선택해 추가할 수 있습니다.

+ 색상값 확인하기

❶ 프로크리에이트 앱에서 캔버스를 새로 생성하거나 가져옵니다.

❷ 캔버스가 실행되면 화면 오른쪽 상단의 [색상]-[팔레트]-[카드]를 선택하면 색상값이 표시됩니다. 특정 색상을 정확히 선택해야 할 때 이 색상 번호를 참고하세요.

타이포그래피에 대해 아시는 분도, 잘 모르시는 분도 계실 것입니다. 여기서는 타이포그래피의 기본 개념부터 어떤 식으로 응용 가능한지에 대해 알아보겠습니다.

글씨를 '그리다', 타이포그래피!

일반적으로 **타이포그래피(typography)**라 하면 컴퓨터 키보드로 치는 타이핑이 떠오릅니다. 사전적 의미는 '문자 또는 활판적 기호를 중심으로 한 2차원적 표현'입니다.

오늘날에는 책뿐만 아니라 우리가 일상에서 접하는 가게 간판의 글자나 다양한 브랜드의 로고, 각종 포스터 속 제목이나 문구, 가수들의 앨범 재킷에 들어간 타이틀처럼 문자를 기반으로 배치하고 디자인 요소를 넣은 모든 것을 포괄적으로 타이포그래피라고 합니다.

이 책에서는 아이패드를 이용해 이 타이포그래피를 손으로 그리며 표현해 볼 것입니다. 방법에 차이만 있을 뿐 글자를 바탕으로 하므로 이것도 타이포그래피라고 할 수 있습니다.

예를 들면 다음과 같이 단순히 '사과'라는 단어도 자음과 모음의 배치를 조금씩만 바꾸면 타이포그래피 디자인이라고 볼 수 있습니다. 단순히 글씨를 쓰는 것을 넘어서 더 아름답고 창조적으로 보이도록 하는 포인트를 넣었기 때문입니다.

평범하게 쓴 글자

창조적인 포인트를 넣은 글자

타이포그래피로 뭘 할 수 있을까요?

일상에서 글자(텍스트)가 쓰이는 것이라면 뭐든지 가능합니다. 실제로 저는 타이포그래피 디자인을 하면서 여러 점포의 업체명이나 브랜드 로고, 음악 앨범 재킷 타이틀, 포스터 문구 등 여러 작업을 했습니다. 이런 작업 외에 나만의 엽서나 스티커를 제작하거나 디지털 굿즈 등을 만들 때도 활용할 수 있습니다.

타이포그래피는 캔버스를 가득 채우는 일러스트보다 비교적 작은 범위에서 작업하기 때문에, 작업 과정을 담은 숏폼 영상을 제작해서 SNS 등에 올려 나만의 작품 라인업이나 포트폴리오를 구성하고, 많은 사람에게 선보이기도 더 쉽습니다.

띠웅이 운영 중인 인스타그램과 유튜브

©DDWOONG

ⓒ띠웅

CHAPTER 1

프로크리에이트

기본 탐구

LESSON 01

프로크리에이트 들어가기

처음은 언제나 설레면서도 어렵습니다. 하지만 이 책의 설명을 차근히 따라 하다 보면 어느새 여러분도 어엿한 프로크리에이트 사용자가 될 것입니다. 이번 레슨에서는 본격적인 기능 설명이나 실습에 앞서 우리가 주로 이용할 프로크리에이트의 화면 구조를 전체적으로 살펴보며 파악하는 시간을 가지겠습니다.

갤러리 살펴보기

프로크리에이트를 처음 실행하면 다음과 같은 갤러리를 마주하게 됩니다. 이 **갤러리**는 내가 작업해 둔 이미지나 작업 중인 이미지들을 모아 볼 수 있는 곳입니다. 새로운 캔버스를 생성하거나 그렸던 그림을 공유, 복제, 삭제할 수 있고, 다른 작업물이나 사진을 불러와서 작업할 수도 있습니다. 이어서 화면 구성에 대해서 좀 더 자세히 설명해 보겠습니다.

❶ **선택**: 갤러리의 그림들을 선택해 미리보기, 공유, 복제, 삭제의 기능을 이용할 수 있습니다. 두 개 이상을 선택하면 오른쪽 상단에 **[스택]** 기능이 활성화되는데, 이를 터치하면 여러 그림들을 묶어서 그룹화할 수 있습니다.

❷ **가져오기**: 내 아이패드 안에 저장된 다양한 파일을 불러올 수 있습니다.

❸ **사진**: 사진 앱에 저장된 이미지나 사진 중 원하는 것을 불러올 수 있습니다.

❹ ➕ : 새로운 캔버스를 만들 수 있습니다.

캔버스 살펴보기

첫 화면 구성을 알아봤으니, 메뉴나 기능에 대해서도 본격적으로 살펴보겠습니다. 그림을 그릴 때 가장 먼저 필요한 것이 무엇일까요? 바로 그림을 그릴 종이입니다.

이번에는 그림을 그리기 위한 가장 중요한 바탕이 되는 캔버스를 만들고 다루는 법을 배워보겠습니다.

+새 캔버스 만들기

01 갤러리 화면에서 우측 상단의 가장 구석에 있는 ✚ 아이콘을 터치합니다.

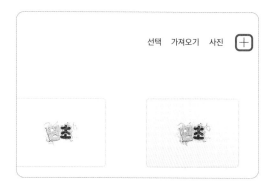

02 터치하면 프로크리에이트에서 ❶ 기본으로 설정된 캔버스 크기들이 나열됩니다. 내가 그리고자 하는 크기에 적합하다면 기본 캔버스 크기를 선택하여 이용해도 좋습니다. 하지만 그렇지 않다면 내가 원하는 크기대로 새롭게 만들면 됩니다. 이때 이용하는 것이 바로 **[사용자지정 캔버스]** 기능입니다. ❷ '새로운 캔버스'라는 글자 오른쪽의 🔲 아이콘을 터치합니다.

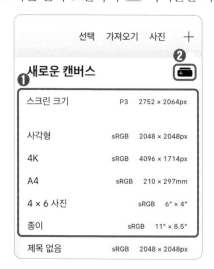

03 아이콘을 터치하면 생성할 캔버스에 대해 세부적으로 설정할 수 있는 다양한 메뉴와 함께 수치를 입력할 수 있는 ❶ [크기] 화면이 첫 번째로 뜹니다. 여기서 오른쪽 부분 제일 위의 ❷ '제목 없는 캔버스'를 터치하면 캔버스의 이름(제목)을 변경할 수 있습니다. 그 아래에는 각각 ❸ [너비]와 [높이]라는 칸이 있습니다. 여기에 캔버스의 가로·세로 크기가 될 숫자를 입력합니다. 입력 시 ❹ 에서 길이의 단위(밀리미터, 센티미터, 인치, 픽셀)를 선택할 수 있습니다. ❺ [DPI]는 캔버스의 해상도 (종이나 스크린 등에 표현된 그림이나 글씨 따위가 표현된 선명도를 나타내는 말)를 뜻합니다. 숫자가 높을 수록 그림이 선명해집니다. 저는 보통 300DPI로 작업하는데, 본인의 작품을 나중에 어떤 형식으로 재가공할지에 따라 더 낮거나 높은 숫자를 입력하면 됩니다.

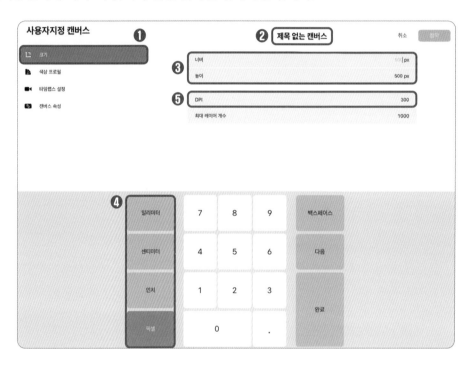

04 이어서 좌측 메뉴에서 ❶ [색상 프로필]을 선택합니다. 기본은 RGB로 설정되어 있는데, 이 책의 실습에서는 주로 웹 환경에서 선보일 작품을 만들 것이므로 기본 설정 그대로 두겠습니다. 이제 ❷ [창작]을 터치합니다.

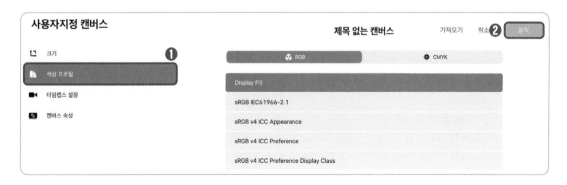

05 이렇게 새로운 캔버스가 생성되었습니다. 작품을 만들 수 있는 가장 중요한 첫걸음을 해냈습니다.

RGB와 CMYK의 차이

캔버스를 만들 때는 작품을 완성해서 이를 어떻게 활용할 것인가에 따라 세부 설정을 해주어야 합니다. 사용자지정 캔버스 기능을 이용할 때 [색상 프로필]에서 보았던 컬러 모드를 기억하시나요? 실습용으로는 RGB 설정 그대로를 이용한다고 말씀드렸지만, 추후 다른 형태로도 내 작품을 선보이고 싶은 분이 계실 것입니다. 이럴 경우를 대비해서 약간의 추가 설명을 드리겠습니다.

웹이나 SNS 게시, 디지털 스티커용 등은 RGB를 선택하시고, 추후 인쇄하여 포스터, 명함, 스티커 등을 제작하고 싶다면 CMYK를 선택해 주세요.

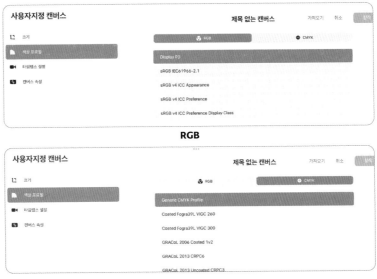

특히 인쇄용 CMYK 모드라면 내가 제작할 물품이나 제작처에 맞는 컬러 모드를 미리 알아보고 그에 맞추어 캔버스 색상 프로필을 설정해야 합니다. 그러므로 어떤 물품을 제작할지 미리 정하여 해당 물품을 제작하는 업체를 골라 작업 시 CMYK 모드 중에서도 어떤 상세 컬러 모드를 설정하면 좋을지 작업 전에 꼭 문의하세요.

✛캔버스 인터페이스 살펴보기

이제 새로 만든 캔버스와 이를 편집할 수 있는 기능들이 화면에 어떻게 구성되어 있는지 자세히 살펴보겠습니다. 자세히 보니 여러 가지 아이콘들이 구역별로 나뉘어 있습니다. 바로 이 부분들에 프로크리에이트의 주요 기능들이 각각 배치되어 있습니다. 이 구역들을 크게 **편집 도구**, **그리기 도구**, **사이드 바**로 나누어 부르겠습니다.

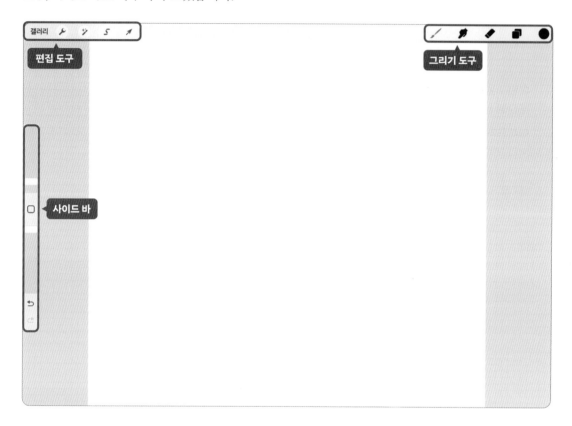

너무 간소해서 뭐가 뭔지 잘 모르시겠지요? 미리 걱정할 필요 없습니다. 이어서 기능별 도구들을 더 자세하고 알기 쉽게 설명해 드리겠습니다.

LESSON 02

주요 기능·도구 소개

이번 레슨에서는 프로크리에이트의 핵심인 주요 기능과 각종 도구에 대해 간략히 설명하겠습니다. 자세한 사용법은 이후에 실습하면서 다시 설명할 테니 지금은 어떤 것인지만 가볍게 익혀봅시다. 아이패드가 준비된 분은 한번 차근히 함께 따라 눌러 보며 학습하는 것도 좋을 듯합니다. 쉽게 고장 나거나 잘못되지 않으니 너무 긴장하지 말고 이것저것 편하게 살펴보세요.

메인 기능 알아보기

프로크리에이트의 핵심인 **편집 도구, 그리기 도구, 사이드 바**에 대해 구체적으로 설명하겠습니다.

+편집 도구

❶ **갤러리**: 레슨 01에서 살펴보았던 첫 화면인 갤러리로 돌아가는 버튼입니다.

❷ **동작 🔧**: 파일 추가, 캔버스 설정, 완성 파일 저장 및 공유, 타임랩스 녹화, 인터페이스 기본 설정 등을 할 수 있습니다.

❸ **조정 🪄**: 그림의 색을 보정하거나 여러 가지 효과를 적용할 수 있습니다.

❹ **선택 Ƽ**: 네 가지 방식(자동, 올가미, 직사각형, 타원)으로 이미지를 선택하여 편집할 수 있습니다.

❺ **변형 ↗**: 크기 조절, 뒤집기, 회전 등의 기능을 이용해 선택한 이미지를 다양하게 변형할 수 있습니다.

+그리기 도구

❶ **브러시** ✏: 원하는 그림을 그릴 수 있게 하는 연필이나 펜과 같은 도구입니다. 파랗게 선택된 상태에서 한 번 더 터치하면 프로크리에이트가 제공하는 다양한 브러시 도구가 펼쳐집니다. 메뉴명 옆의 ➕를 한 번 더 터치하면 본인만의 커스텀 브러시를 만들 수도 있습니다.

❷ **문지르기** ✍: 그리거나 칠해둔 선이나 면적을 마치 손으로 문지르는 것과 같은 효과를 줄 수 있는 도구입니다. 특정 질감의 브러시를 선택해서 해당 브러시의 고유한 질감이 나도록 문지르기 효과를 낼 수도 있습니다.

❸ **지우개** ◧: 그린 부분을 선택적으로 지우고 싶을 때 사용하는 도구입니다. 참고로 지우개 브러시를 사용할 때는 채색할 때 사용한 브러시와 동일한 브러시를 사용하는 것이 좋습니다.

❹ **레이어** ▣: 필요할 때마다 생성하여 그림을 층층이 나눌 수 있습니다. 이렇게 나눈 레이어는 언제든지 삭제하거나, 순서를 변경하거나, 그룹으로 묶을 수 있습니다.

❺ **색상** ●: 사용 중인 브러시의 색상을 변경하거나 아이콘을 드래그해 원하는 면적에 색을 채울 수 있습니다.

+사이드 바

❶ **브러시 크기 조절**: 버튼을 드래그하여 브러시의 크기를 조절할 수 있습니다. 위로 올릴수록 크기가 커지고 내릴수록 작아집니다.

❷ **스포이드** ▢: 해당 아이콘을 터치하면 캔버스 화면에서 원하는 색상을 추출할 수 있습니다.

❸ **투명도 조절**: 버튼을 드래그하여 그리기 도구들의 투명도를 조절할 수 있습니다. 아래로 내릴수록 점점 더 투명해집니다.

❹ **되돌리기** ↺: 실행한 작업을 취소하거나 재실행할 수 있습니다. 단, 작업 중 갤러리로 돌아가면 되돌리기 기능이 비활성화되어 갤러리로 돌아가기 전까지의 과정으로는 더는 되돌아갈 수 없습니다.

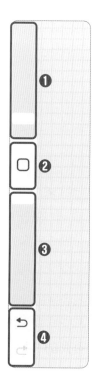

사이드 바 위치 바꾸기

개인의 취향이나 편의에 따라 사이드 바를 오른쪽으로 옮길 수 있습니다. [동작 🪄]-[설정]-[오른손잡이 인터페이스]를 터치하여 활성화시키면 변경됩니다.

레이어와 색상

이번 순서에서는 디지털 드로잉의 꽃이라고 할 수 있는 레이어와 색상 기능에 대해 조금 더 깊이 설명해 보겠습니다. 포토샵 등의 그래픽 프로그램을 다뤄 보신 분이라면 더욱 이해하기 쉬울 것입니다.

+레이어

레이어는 쉽게 표현하면 얇은 투명막이라고 할 수 있습니다. 이 투명한 막에 그림을 나누어 그리고, 이를 겹쳐 보면 하나의 전체적인 그림을 구성할 수 있습니다.

굳이 왜 레이어를 나누어서 그림을 그려야 하는 건지 의문이 드는 분도 계실 겁니다. 하지만 이렇게 레이어를 여러 개 만들어두고 각 레이어에 그림을 부분별로 나누어 그리면, 나중에 필요한 부분만 수정하기가 매우 편리합니다. 또한 부분적으로 다양한 효과를 주어 더 멋진 작품을 만들 수도 있습니다.

처음에는 낯설고 불편하더라도 레이어를 활용해서 나누어 그리는 습관을 들이시면 나중에 매우 도움이 될 것입니다. 이번 내용에서는 바로 이 레이어를 만들고 활용하는 기본적인 방법을 설명하겠습니다.

레이어 생성

❶ [레이어 ▣] 아이콘을 터치한 후 이어서 ❷ ⊕를 터치하면 새로운 레이어를 생성할 수 있습니다. ❸ 새 레이어는 사용 중이던 레이어 위에 생성됩니다.

레이어 이동

손이나 애플펜슬을 이용해 레이어를 터치한 채 위아래로 드래그(터치한 채로 끌기)하면 레이어 위치를 이동할 수 있습니다. 이렇게 레이어를 옮기면 아래쪽 레이어는 위쪽 레이어에 가려집니다.

예를 들어 아래 그림의 등불을 빨간 테두리 선 뒤로 가게 하고 싶다면, '등불' 레이어의 위치를 빨간 테두리 선의 레이어보다 아래쪽으로 옮기면 됩니다.

레이어 설정

생성된 레이어를 보면 레이어 이름 옆에 조그만 아이콘들이 보입니다. 이 아이콘들의 기능에 대해 설명하겠습니다.

❶ N: 레이어를 여러 가지 모드로 조정하여 다양한 효과를 줄 수 있습니다. 모드를 바꾸면 N 아이콘의 글자가 해당 모드의 약자로 바뀝니다.

❷ ☑: 터치하여 체크를 해제해 해당 레이어가 캔버스상에서 보이지 않게 하거나 다시 체크하여 보이게 할 수 있습니다.

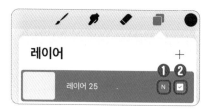

이어서 레이어 목록에서 레이어를 왼쪽으로 스와이프(손가락을 댄 채로 밀기)하면 레이어 [잠금], [복제], [삭제]가 나옵니다.

❸ **잠금**: 레이어를 잠글 수 있습니다. 레이어를 잠그면 잠긴 상태에서는 더 이상 수정이 불가능하고 해당 레이어에 그림을 그릴 수 없게 됩니다.

❹ **복제**: 레이어를 복제하면 원 레이어를 복제한 동일 레이어가 하나 더 생성됩니다.

❺ **삭제**: 선택된 레이어를 삭제합니다.

레이어가 선택된 상태에서 한 번 더 터치하면 팝업 창이 뜨고 다양한 레이어 세부 설정과 기능 메뉴가 뜹니다. 여기서는 새롭게 만든 레이어를 알아보기 쉽게 이름을 바꾸는 기능만 먼저 설명하겠습니다.

❻ **이름변경**: 레이어의 이름을 변경할 수 있습니다.

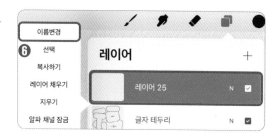

여기까지 레이어에 대한 개념과 기본 기능에 대해 알아보았습니다. 자세한 레이어 설정이나 활용은 실습을 하면서 추가로 설명하겠습니다.

✛색상

색상은 그림을 그리는 데 가장 필요한 기능 중 하나입니다. 우리가 디지털이 아닌 종이에 그림 그릴 때는 한정된 색상과 팔레트 면적 안에서 잘 생각하고 섞어 새로운 색을 만들거나 물을 더해 농도를 조절해야만 합니다.

하지만 이런 모든 번거로운 작업을 프로크리에이트에서는 색상 기능 하나로 모두 해낼 수 있습니다. 다양한 색상 모드 중 나에게 맞는 것을 선택하여 원하는 색상을 편하게 고르거나 원하는 이미지에서 손쉽게 추출하여 나만의 팔레트를 만들 수 있습니다.

프로크리에이트에서는 다섯 가지 모드를 지원합니다. 우측 상단 맨 오른쪽의 원 모양인 [색상●]을 터치해 알아봅시다.

색상 탭

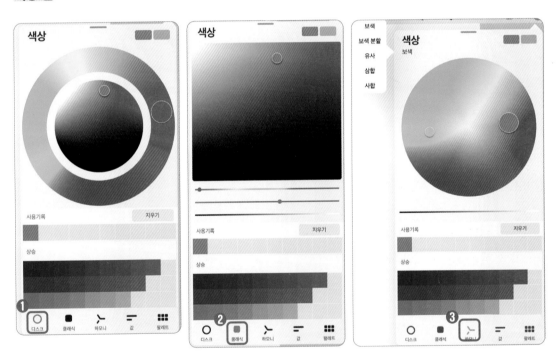

❶ 디스크: 가장 직관적으로 색을 선택해 사용할 수 있는 형태입니다. 큰 원으로 색상을 선택하고, 작은 원으로 명도와 채도를 조절합니다.

❷ 클래식: 게이지 바를 움직이는 것으로 명도나 채도를 섬세하게 조절하여 색을 선택할 수 있습니다. 참고로 제가 가장 많이 사용하는 방식입니다.

❸ 하모니: 보색, 보색 분할, 유사, 삼합, 사합의 다섯 가지 옵션이 있습니다. 자동으로 색상을 조정해

주기 때문에 보다 쉽게 색상을 선택할 수 있어 편리합니다.

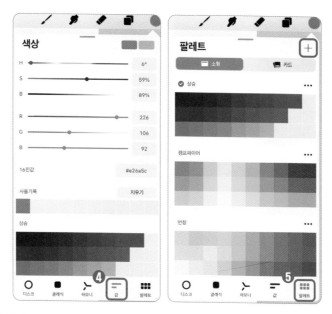

❹ **값**: 정확한 색상값이 필요할 때는 이 형태를 통해 정확한 수치나 특정 색상 코드 값(16진값)을 입력해 명확한 색상을 지정할 수 있습니다.

❺ **팔레트**: 어릴 때 사용했던 물감 팔레트처럼 각각의 색이 나열된 흔히 볼 수 있는 형태입니다. 상단의 ⊕ 아이콘을 터치하면 나만의 팔레트를 생성하여 구성할 수 있으며, 이미 만들어진 팔레트 파일을 불러오거나 카메라를 통해 찍은 사진 또는 이미 담아둔 사진(그림)에서 색상을 추출해 새 팔레트를 만들 수도 있습니다.

스포이드

캔버스에서 원하는 색을 추출하고 싶을 때, 손가락으로 원하는 부분의 색상을 길게 터치한 채로 있으면 스포이드 모드가 활성화되고, 손을 떼면 해당 색상이 추출됩니다.

☀️ **주의!**

스포이드 기능 사용 시 유의할 점

실습용 파일에서 종이 질감 레이어를 사용할 경우, 해당 레이어를 안 보이게(체크 해제) 한 후 원하는 부분의 색상을 선택해야만 보다 정확한 색이 추출됩니다.

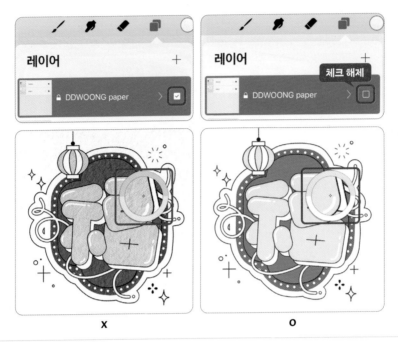

X   O

이미지에서 색상 추출하기

아이패드의 스플릿 뷰 기능을 이용해 프로크리에이트 창 옆에 사진 앱을 띄우고 원하는 사진을 터치한 채 프로크리에이트의 팔레트 탭으로 드래그하면 해당 사진에서 자동으로 색상이 추출되어 팔레트가 만들어집니다.

LESSON 03 자주 쓰는 제스처 몸에 익히기

한 손으로는 애플펜슬을 이용해 그림을 그리고, 다른 한 손은 제스처를 활용한다면 조금 더 빠르고 편리하게 드로잉할 수 있습니다. 프로크리에이트에는 다양한 제스처가 있는데요. 이번 레슨에서는 그중 가장 많이 쓰는 필수 제스처들을 알려드리겠습니다. 자, 이번에도 직접 따라 하면서 익혀봅시다.

캔버스에서 사용하는 제스처

+확대&축소

두 손가락으로 화면을 벌리면 확대가 되고, 모으면 축소가 됩니다. 확대했던 화면을 빠르게 꼬집으면 기존의 정화면으로 돌아옵니다.

╋회전&이동

두 손가락을 화면에 대고 돌리면 캔버스가 회전합니다. 또한 두 손가락을 화면에 댄 채로 움직이면 캔버스가 따라옵니다. 이를 활용하면 우리가 그림을 그릴 때 손이 편한 방향으로 종이를 조금씩 돌려가며 그림을 그리는 것처럼 편안한 각도로 작업할 수 있습니다.

╋실행 취소

두 손가락으로 화면을 한 번 터치하면 직전에 했던 작업이 취소됩니다. 터치할 때마다 실행한 과정을 하나씩 거슬러 올라갈 수 있고, 길게 꾹 터치하고 있으면 연속으로 여러 단계를 빠르게 실행취소할 수 있습니다.

+다시 실행

세 손가락으로 화면을 한 번 터치하면 취소했던 동작을 다시 실행할 수 있습니다. 앞서 설명한 '실행 취소'와 마찬가지로 길게 꾹 터치하고 있으면 연속으로 여러 단계를 재실행할 수 있습니다.

+전체 화면

네 손가락으로 화면을 한 번 터치하면 모든 메뉴 창이 사라지고 캔버스만 남는 전체 화면이 됩니다. 주로 작품 완성 후 메뉴나 기능 아이콘을 걷어내고 그림만 보고 싶을 때 쓰입니다. 캔버스만 남은 화면에서 다시 한 번 네 손가락으로 터치하면 메뉴 창이 도로 나타납니다.

레이어에서 쓰는 제스처

+레이어 합치기

두 손가락으로 합치고 싶은 레이어의 처음과 끝을 꼬집듯이 모아줍니다. 예를 들어 '글자 테두리' 레이어부터 '입체' 레이어까지 레이어를 합치고 싶다면 '글자 테두리' 레이어에 검지, '입체' 레이어에 엄지를 두고 꼬집듯이 모으면 하나의 레이어로 합쳐지게 됩니다.

+레이어 다중 선택하기

레이어 하나를 선택한 후 다른 레이어를 오른쪽으로 빠르게 스와이프하면 두 레이어가 함께 선택됩니다. 이것을 이용하면 여러 레이어를 그룹으로 묶거나 한번에 삭제할 수 있습니다. 이 제스처는 애플펜슬로도 가능합니다.

내 맘대로 원하는 제스처 설정하기

[동작 ✦]-[설정]-[제스처 제어]에 들어가면 원하는 대로 제스처를 수정하고 추가할 수 있습니다. 세부 설정 메뉴를 살펴보고 내가 사용하기 좋은 제스처로 설정합니다. 추가로 제스처 제어나 설정에 관해서는 챕터 8의 레슨 1도 참고해 주세요.

LESSON 04 | 퀵셰이프로 깔끔한 도형 그리기

사람의 손으로 완벽한 직선이나 정다각형을 그리기는 어렵습니다. 하지만 우리에게는 이럴 때 도움을 주는 프로크리에이트의 믿음직스러운 기능이 있습니다. 이 기능을 이용하면 삐뚤삐뚤한 선이나 도형을 반듯하게 만들 수 있습니다. 이것을 '퀵셰이프'라고 합니다.

직선 그리기

01 캔버스에 수평으로 선을 대충 그어봅시다. 무척 삐뚤빼뚤합니다. 하지만 선을 긋고 애플펜슬을 떼지 않은 상태로 잠시 기다리면 반듯한 직선으로 변합니다.

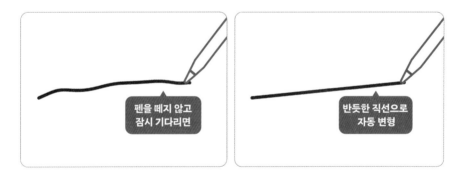

펜을 떼지 않고 잠시 기다리면

반듯한 직선으로 자동 변형

02 이때 한 손가락으로 화면을 터치하면 완전한 수평선이 됩니다.

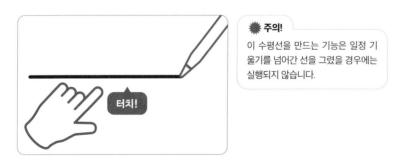

터치!

☀ 주의!
이 수평선을 만드는 기능은 일정 기울기를 넘어간 선을 그렸을 경우에는 실행되지 않습니다.

원 그리기

01 ❶ 동그라미를 그린 후 애플펜슬을 떼지 않고 잠시 기다리면 매끈한 원이 됩니다. 하지만 완벽히 동그란 원 같아 보이지는 않는데요. ❷ 완전한 정원을 그리고 싶다면 펜슬을 떼고 상단에 뜨는 [타원] 메시지를 터치합니다.

02 ❶ [타원] 메시지를 터치하면 편집 모드가 됩니다. 여기서 ❷ [타원]과 [원] 중에 어느 형태로 그릴지 선택할 수 있습니다. [원]을 선택하면 완벽한 정원이 됩니다. ❸ 또는 그린 원 위에 표시되는 파란 점◉을 움직여 모양을 직접 자유롭게 변형할 수도 있습니다.

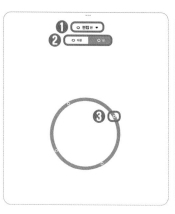

03 앞서 언급한 방법보다 더 쉽게 원을 만들 수 있는 방법이 또 있습니다. ❶ 원을 그리고 애플펜슬을 떼지 않은 채 다른 손으로 ❷ 화면을 터치하면 정원이 됩니다. 이 방법들은 정원뿐만 아니라 정삼각형, 정사각형 등 반듯한 도형을 그릴 때라면 모두 적용할 수 있습니다.

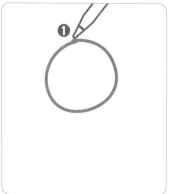

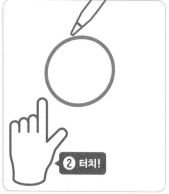

컬러드롭

색상 채우기 기능이라고 보시면 됩니다. 색을 칠하고 싶은 부분에 ❶ [색상●] 아이콘을 터치한 채로 ❷ 끌어다 놓으면(드래그) 색상이 자동으로 채워집니다. ● 아이콘을 오래 터치하면 이전에 사용한 색상으로 전환되어 버리니 터치한 채 그대로 빠르게 드래그해 채워야 합니다.

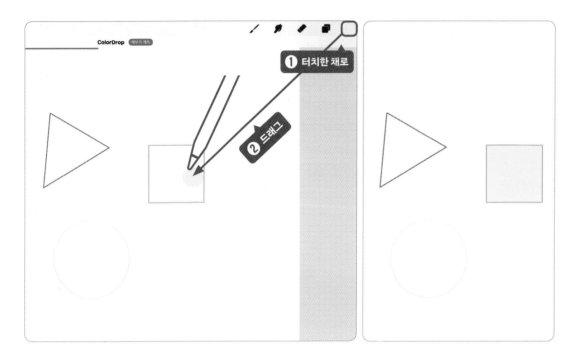

만약 테두리 선에 빈틈이 있다면 색상이 다른 부분까지 채워질 수 있으니, 해당 기능을 사용할 때는 원하는 부분의 테두리 선이 완벽히 막혔는지 확인해 주세요. 또한 색연필이나 목탄 같은 질감 있는 브러시의 경우 브러시 선 자체에 빈 곳이 있어서 원하는 부분만 채워지지 않고 질감의 빈틈으로 색이 빠져나가 온 캔버스를 물들일 수 있으니 컬러드롭 기능을 이용할 때는 질감이 들어간 브러시 사용은 피하는 것이 좋습니다.

빈틈이 없는 브러시와 빈틈이 있는 브러시 예시

[채우기 계속] 기능 활용법

컬러드롭을 사용하다 보면 동일한 색상으로 다른 곳도 채우고 싶은데 매번 일일이 끌어오기 번거로운 경우가 있습니다. 그럴 때는 **채우기 계속** 기능을 이용하면 됩니다. 컬러드롭으로 색상을 채운 후 상단에 나타나는 [채우기 계속] 메시지를 터치하면 ✅ 아이콘으로 활성화된 것이 보입니다.

> 💥 **주의!**
> '채우기 계속' 메시지 자체는 컬러드롭으로 색상을 채운 후 5초 정도 후에 사라지니, 해당 기능을 사용하고 싶을 때는 빠르게 터치해 주어야 합니다.

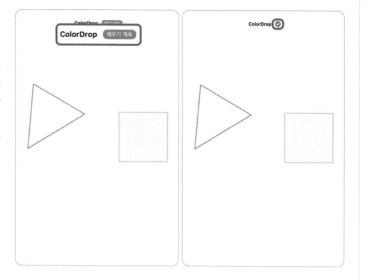

이제 원하는 곳을 터치하면 색상을 매번 끌어오지 않고 터치하는 것만으로도 색상을 계속 채울 수 있습니다.

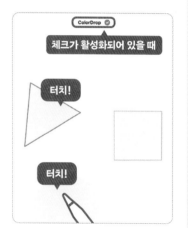

이때 도중에 다른 색상으로 채우기를 계속하고 싶다면, [색상 ●]을 터치해 색을 바꾸고 다시 원하는 부분을 터치합니다. 이때 상단에 **ColorDrop** ✅ 메시지가 활성화된 상태인지 확인하며 사용해야 합니다. **ColorDrop** ✅ 이 활성화된 상태라면 계속해서 다른 색상을 선택해 터치만으로 색을 채울 수 있습니다.

☀️ **주의!**

컬러드롭 시 임계값 설정하기

색연필과 같이 테두리가 고르지 않은 브러시로 그림을 그리면 다음과 같이 색이 고르게 채워지지 않을 때가 있습니다. 이럴 때는 임계값을 조절해야 합니다.

컬러드롭을 한 후 애플펜슬을 떼지 않고 잠시 기다리면 상단에 **ColorDrop** ✅ 메시지가 뜨고, 그 아래에 '임계값'이라는 문구가 나타납니다. 이때 애플펜슬이나 손을 그대로 댄 채 좌우로 드래그하면 색을 채우는 임계값을 조절할 수 있습니다. 오른쪽으로 움직이면 임계값이 높아지는데, 값이 높아질수록 색상이 경계 너머로 확장될 수 있습니다.

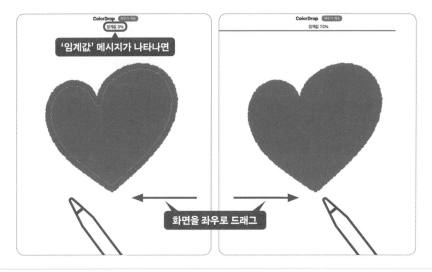

LESSON 05

나만의 커스텀 브러시 만들기

프로크리에이트 브러시의 최대 장점은 다양한 브러시를 만들어 이를 자유롭게 커스터마이징할 수 있다는 것입니다. 이 장점을 최대한 활용해서 나만의 개성을 담은 그림이나 타이포그래피 디자인에 적합한 브러시를 한 번 만들어봅시다.

브러시 생성하기

❶ [브러시 ✎]를 터치하면 ❷ 오른쪽 구석에 ➕ 아이콘이 있습니다. 해당 아이콘을 터치해 새로운 브러시를 생성할 수도 있고, ❸ 기존의 브러시를 복제한 후 세부 설정을 조정하여 나만의 브러시로 변형할 수도 있습니다.

+기존 브러시를 변형해 도트 선 브러시 만들기

처음이니 아예 제로에서 시작하기보다 참고할 요소가 있으면 감을 잡기 쉬울 것입니다. 우선 기존 브러시를 변형해 점선 브러시를 만들어봅시다. **이 브러시는 앞으로 실습을 진행할 때 계속 사용될 브러시이니 꼭 미리 따라 만들어두세요.**

01 ❶ [브러시 ✏]를 선택하고 ❷ [서예] 탭을 터치한 후 ❸ '모노라인' 브러시를 왼쪽으로 스와이프하면 나오는 버튼 중 ❹ [복제]를 터치합니다. ❺ 복제된 '모노라인 1' 브러시를 한 번 더 터치하여 브러시 스튜디오로 들어갑니다.

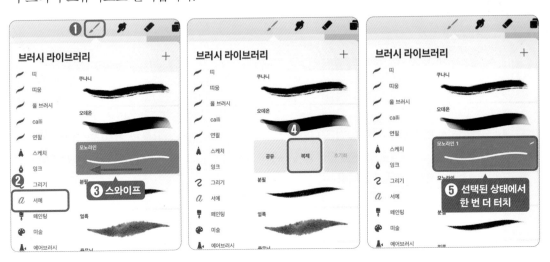

02 여러 가지 메뉴 중에서 ❶ [모양] 탭에 들어가면 [모양 소스] 창에 현재 선택된 브러시의 단면이 보입니다. 일정 면적에 작은 점이 무수히 많이 모이면 선이 되겠지요? 지금 만들려는 브러시 또한 이 원리라는 것을 기억하시면 됩니다. ❷ [모양 소스]의 동그란 원이 무수히 이어져 오른쪽의 ❸ [그리기 패드]에서 보이는 것과 같은 선이 되는 것입니다. 참고로 그리기 패드에서는 저장하기 전에 직접 애플펜슬로 브러시 선을 그어보며 미리 테스트할 수도 있습니다.

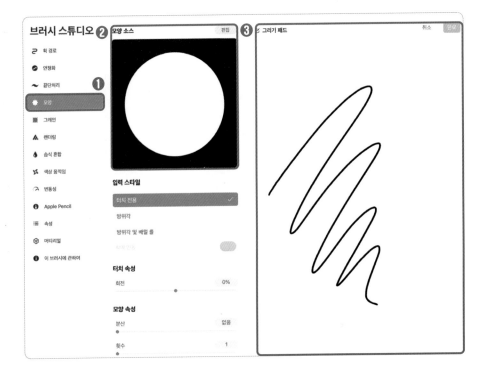

03 이제 브러시의 기본적인 원리를 알았으니, 왼쪽의 메뉴들 중 ❶ [획 경로] 탭을 터치해 브러시 세부 설정을 수정합니다. ❷ [간격]을 늘려보면 원들의 간격이 점점 멀어지는 것이 보입니다. 이를 '최대'까지 늘려봅시다.

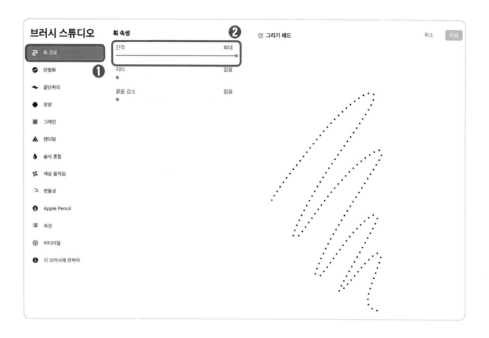

04 조금 더 세부적인 설정을 위해 왼쪽의 메뉴 중 ❶ [속성] 탭을 터치해 ❷ [최대 크기]를 '30%'로, ❸ [최소 크기]를 '없음(0%)'으로 변경합니다. 이제 그리기 패드에서 선을 그어보며 변화된 브러시 모양을 확인해 보세요.

05 새로 만든 브러시를 저장하기 전 브러시 이름을 바꿔봅시다. 메뉴 탭에서 가장 아래에 있는 ❶ [이 브러시에 관하여]를 선택한 후 ❷ 가장 위의 [모노라인 1]을 터치하면 브러시 이름을 변경할 수 있습니다. 이름만 아니라 ❸ 제작자의 프로필 사진과 ❹ 제작자의 이름도 변경할 수 있습니다. ❺ 서명까지 넣으면 나만의 커스텀 브러시 파일 완성입니다. 모든 수정을 마친 후에는 반드시 오른쪽 위에 있는 ❻ [완료]를 터치해 브러시를 저장합니다.

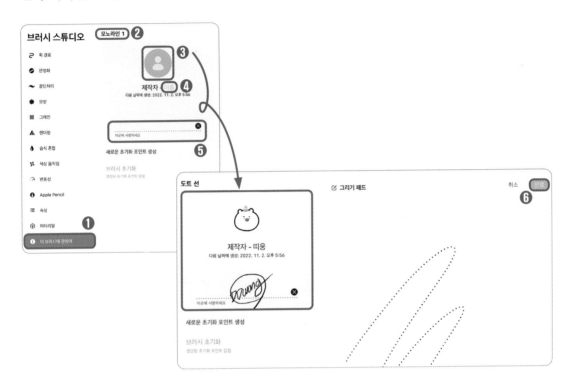

06 이제 브러시 라이브러리에 내가 만든 도트 선 브러시가 보입니다.

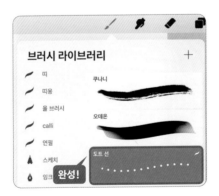

+새로운 색연필 브러시 만들기

이번에는 완전히 처음부터 브러시를 만들어보겠습니다. 일반적인 브러시는 심심할 테니 질감도 추가하여 더욱 분위기 있는 브러시를 완성해 봅시다.

01 + 아이콘을 터치해 브러시 스튜디오를 엽니다.

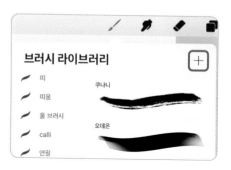

02 ❶ [모양] 탭에 들어가 ❷ 가운데 메뉴 상단의 [편집]을 터치합니다. 이어서 ❸ [가져오기]–[소스 라이브러리]를 차례로 터치합니다.

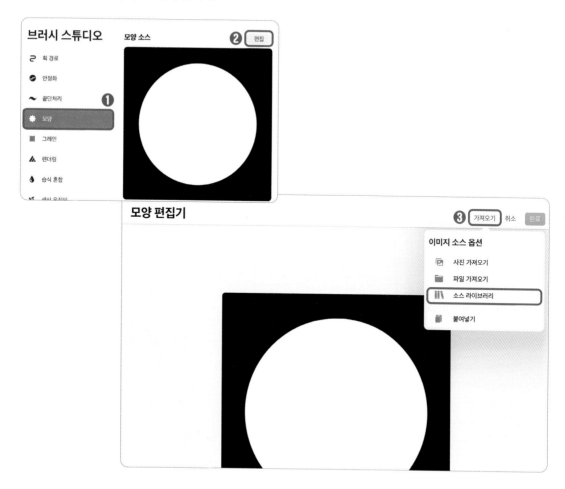

03 [소스 라이브러리]에는 프로크리에이트에서 기본으로 제공하는 여러 소스들이 있습니다. 여기서 색연필 느낌의 브러시 모양을 내기 위해서 ❶ 'Charcoal Block'을 선택하고 ❷ [완료]를 터치합니다.

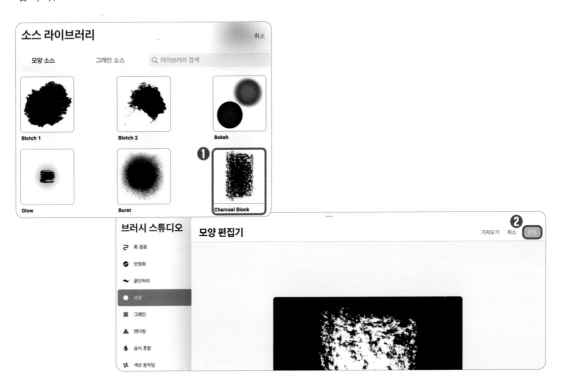

04 가운데 부분의 메뉴를 위로 스와이프하면 보이는 ❶ [분산]을 '10%'로 바꿔주고, ❷ [무작위] 기능을 활성화합니다. 이 기능은 선택한 브러시 소스가 한 방향으로만이 아니라 무작위로 적용되도록 하는 기능입니다. 이것을 이용하면 색연필의 우둘투둘한 느낌을 조금 더 자연스럽게 구현할 수 있습니다.

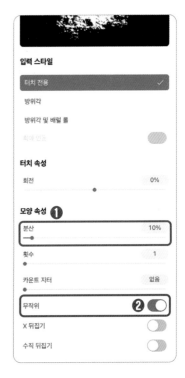

05 이번에는 **❶** [획 경로] 탭에 들어가 [획 속성]에서 **❷** [간격]을 '4%'로, **❸** [지터]를 '20%'로 조정합니다. 지터 값을 높이면 울퉁불퉁한 느낌을 낼 수 있습니다.

06 **❶** [안정화] 탭에 들어가 [StreamLine]의 **❷** [양]을 '30%'로 조정합니다. 이것은 손떨림을 보완해주는 기능입니다.

07 좀 더 색연필 느낌이 나도록 질감을 더하기 위해 ❶ [그레인] 탭에 들어가 상단의 ❷ [편집]을 터치합니다. 이어서 상단의 ❸ [가져오기]–[소스 라이브러리]를 차례로 터치합니다.

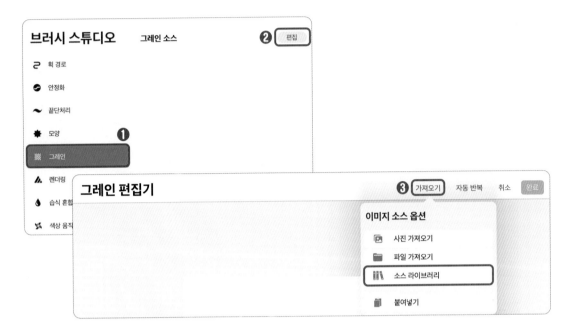

08 색연필의 울퉁불퉁한 느낌을 내줄 ❶ 'Bonobo' 소스를 선택한 후 ❷ [완료]를 누릅니다.

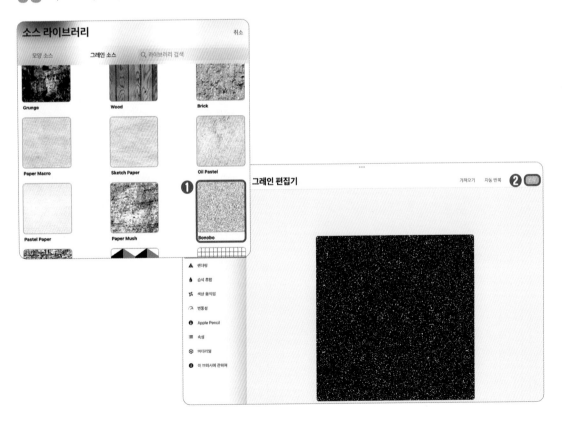

09 이어서 가운데 섹션에 보이는 [그레인 특성]의 [비율]을 '**15%**'로 조정합니다. 이 기능은 질감을 어느 정도로 드러나게 할지를 정합니다.

10 브러시 끝의 불투명도를 없애기 위해 ❶ [Apple Pencil] 탭에 들어가 [압력]의 ❷ [불투명도]를 '**없음**'으로 조정합니다. 해당 게이지 바를 조정하면 끝부분이 자연스럽게 흐려지던 효과가 사라집니다.

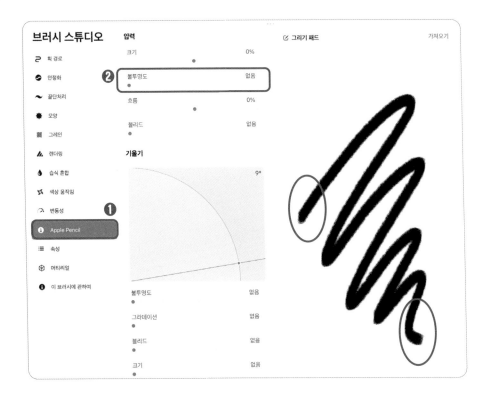

11 ❶ [이 브러시에 관하여] 탭에 들어가 ❷ 브러시 이름과 제작자 이름 등을 입력합니다. 모든 설정을 마쳤으면 왼쪽 상단의 ❸ [완료]를 터치해 브러시를 저장합니다.

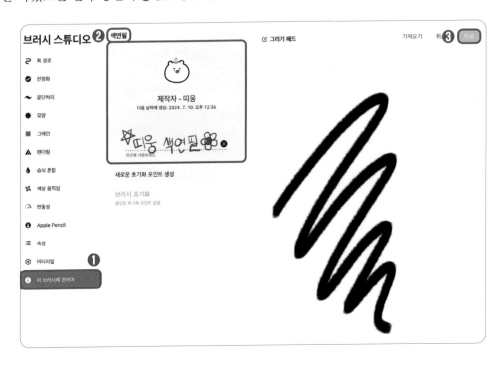

12 완성된 색연필 브러시를 사용해 캔버스에 그림을 그려봅시다.

LESSON 06

나만의 캔버스 만들기

아무것도 없는 캔버스보다 질감이 입혀진 캔버스에 그림을 그리면 작품의 분위기가 한층 살아납니다. 이번 레슨에서는 캔버스에 종이 질감 입히는 법을 알아보겠습니다.

종이 질감 캔버스 만들기

01 먼저 무료 이미지 사이트에서 종이 질감을 다운받습니다. Unsplash(https://unsplash.com/ko) 사이트에 들어가 검색 창에 'paper texture'를 치고 검색합니다.

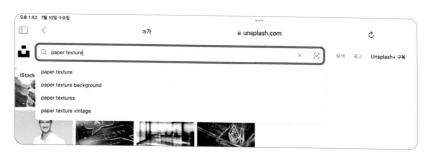

02 화면을 스크롤하여 마음에 드는 이미지를 찾아봅시다. ❶ 원하는 이미지를 선택하면 ❷ ↓ 아이콘이 나타납니다. ❸ 아이콘을 터치하면 뜨는 창에서 [다운로드]를 터치합니다.

캔버스에 입힐 다양한 질감을 무료로 받을 수 있는 사이트

종이 질감을 넣기 위해서는 종이 질감이 촬영된 사진이 필요합니다. 고화질의 사진을 무료로 다운받을 수 있는 사이트들을 소개하겠습니다. 두 사이트 모두 검색 창에 'paper texture'나 'canvas texture' 등의 키워드로 검색하면 질감 이미지를 쉽게 찾아 다운받을 수 있습니다.

1. Unsplash(https://unsplash.com/ko)
좋은 퀄리티의 사진을 다운로드할 수 있습니다. 로그인 없이 다양한 사진을 다운받을 수 있으며, 상업적 이용이 가능하다는 것이 큰 장점입니다.

2. Pixabay(https://pixabay.com/)
사진부터 일러스트 그림까지 다양한 스타일의 이미지를 제공합니다.

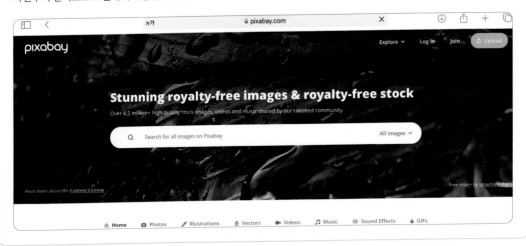

03 다운로드가 완료되면 ❶ 오른쪽 상단의 ⬇ 아이콘이 움직입니다. ❷ 해당 아이콘을 터치하면 뜨는 [다운로드 항목] 팝업 메뉴에서 다운로드한 파일을 터치합니다.

04 다운받은 이미지만 보이는 창에서 ❶ 우측 상단의 🔼 아이콘을 선택하고 ❷ [이미지 저장]을 터치해 사진 앱에 종이 이미지를 저장합니다. ❸ [완료]를 터치한 후 프로크리에이트를 실행합니다.

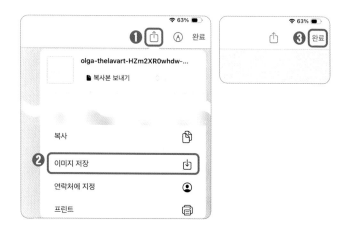

06 ❶ ➕ 아이콘을 터치한 후 이어서 ❷ ▬ 아이콘을 터치해 새로운 캔버스를 만들어줍니다.

07 일반적으로 익숙한 A4 사이즈로 만들어봅시다. ❶ [너비] '3508px', [높이] '2480px', [DPI]는 '300'으로 입력 후 ❷ [창작]을 터치합니다.

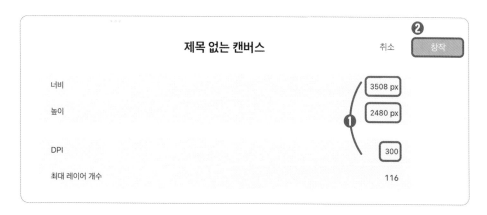

08 ❶ [동작🔧]을 터치하고 ❷ [추가]를 선택한 후 ❸ [사진 삽입하기]를 터치해 다운받았던 종이 질감 이미지를 가져옵니다.

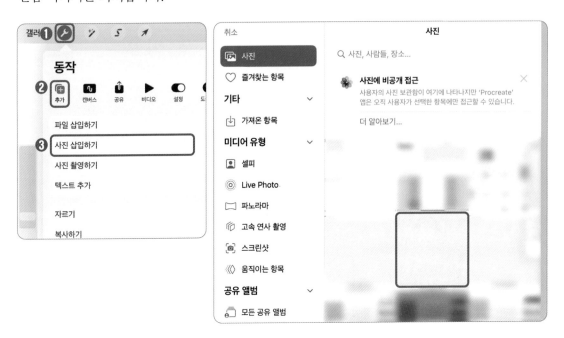

09 파일을 불러오면 하단에 다음과 같은 메뉴가 자동으로 뜹니다. 그중 ❶ [균등]을 터치한 후 불러온 종이 질감 이미지를 캔버스 크기에 맞춰 조절합니다. 이때 가장 왼쪽의 ❷ [스냅] 탭을 선택해 ❸ [스냅] 기능을 활성화하면 조정할 때 기준선이 떠서 캔버스에 맞추기 편리합니다.

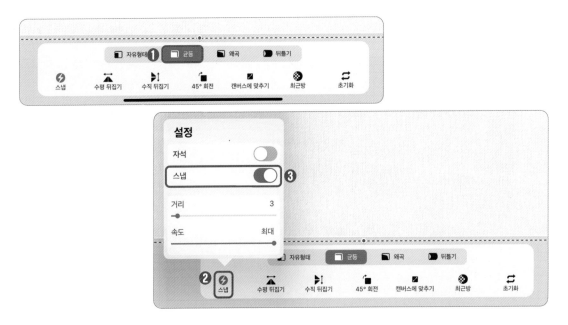

10 이어서 ❶ [조정 ✦]에 들어가 ❷ [색조, 채도, 밝기]를 선택합니다.

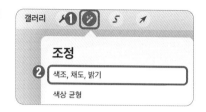

11 하단에 뜬 세부 조정 메뉴에서 ❶ [채도] 게이지를 '없음(0%)'으로, ❷ [밝기] 게이지는 '45%'로 조절합니다.

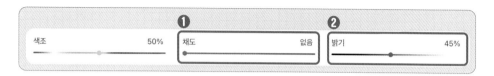

12 ❶ [레이어 ▣]에 들어가 '종이 질감' 레이어를 ❷ 왼쪽으로 스와이프한 후 ❸ [복제]를 선택해 해당 레이어를 복제합니다.

13 ❶ 복제한 레이어를 한 번 더 터치하면 뜨는 팝업 창에서 ❷ [이름변경]을 선택해 레이어의 이름을 변경합니다 ❸ 복제한 레이어의 이름을 '종이 질감 1'로 변경합니다. ❹ 원래 있던 레이어 1의 이름도 '종이 질감 2'로 변경합니다.

❗ 기억해요!
레이어를 새로 만들거나 복제한 경우
에는 미리 알아보기 쉬운 이름으로
변경해 두면 나중에 어떤 레이어인지
구분하기 편리합니다.

14 두 레이어 중 위에 있는 '**종이 질감 1**'을 선택 후 ❶ 이름 옆의 N을 터치합니다. ❷ 레이어 모드에서 아래로 스와이프하면 가장 위에 보이는 [**곱하기**]를 선택해 주고, ❸ [**불투명도**]를 '**60%**'로 조정합니다. 다음에는 두 레이어 중 아래에 있는 '**종이 질감 2**'를 선택 후 ❹ N을 터치합니다. ❺ 레이어 모드를 [**색상 번**]으로 선택한 후 ❻ [**불투명도**]를 '**40%**'로 조정합니다. (아래 그림에서 N은 모드를 바꾼 후 각각 M과 Cb로 바뀌었습니다.)

15 ❶ 두 레이어를 모두 선택하고 ❷ [**그룹**]을 터치해 하나의 그룹으로 묶어 줍니다. ❸ '**새로운 그룹**'이 생성된 것을 확인할 수 있습니다.

16 ❶ 만들어진 그룹을 다시 터치하고 ❷ [**이름변경**]을 선택해 ❸ 이름을 '**종이 질감 그룹**'으로 변경합니다.

17 ❶ ➕ 아이콘을 터치해 새 레이어를 만들고 이름을 'canvas'로 이름을 바꿉니다. ❷ 'canvas' 레이어를 '종이 질감 그룹' 아래로 드래그해 레이어 순서를 변경합니다.

18 이제 옮겨준 'canvas' 레이어에 드로잉을 해보면 실제 종이 위에 그린 것처럼 표현됩니다.

종이 질감이 입혀진 캔버스

종이 질감이 입혀지지 않은 캔버스

©DDWOONG

©띠웅

CHAPTER 2

타이포그래피 기초

 입문

LESSON 01 기존 서체를 활용해 타이포그래피 만들기

타이포그래피를 하기 위해서는 먼저 가장 중요한 요소인 글자가 있어야 합니다. 손으로 직접 글씨를 써보기에 앞서, 기존에 있는 서체(폰트)를 활용해 타이포그래피 디자인을 해봅시다. 사전에 어떤 단어를 디자인할지, 포인트가 되는 요소는 무엇을 넣을지 생각해 두면 좋습니다.

무료 서체를 활용하여 타이포그래피 디자인하기

개인이 사적으로 사용하는 데 문제가 없는 무료 서체를 다운받아 설치한 후 프로크리에이트에서 이를 활용해 디자인하는 법을 알아봅시다.

+사용 가능한 무료 서체 추천

1. 네이버 글꼴(https://hangeul.naver.com/font)

네이버에서 무료로 배포 중인 서체들입니다. 서체 파일 자체를 재판매하는 것 외에는 개인이 상업적으로 재사용이 가능한 무료 서체라 더욱 좋습니다. 깔끔하고 활용도가 높아 추천합니다.

2. 배달의 민족 글꼴(https://www.woowahan.com/fonts)

배달 앱 '배달의 민족'으로 잘 알려진 회사인 '우아한 형제들'에서 배포 중인 서체입니다. 기본적인 디자인부터 독특한 디자인까지 다양한 서체가 많아 활용하기 좋습니다.

3. 눈누(https://noonnu.cc/)

상업적으로 사용할 수 있는 서체를 모아서 보여주는 사이트입니다. 다양한 서체들을 한눈에 볼 수 있어 간편합니다. 이 사이트에 있는 모든 서체는 상업적으로 사용 가능하지만, 정확한 라이선스는 각 서체의 제작사 사이트에서 다시 한번 확인할 것을 권합니다.

4. dafont(https://www.dafont.com/)

무료로 사용할 수 있는 영문 서체가 모인 사이트입니다. 정말 다양한 영문 서체들이 있는데요. 서체마다 사용 규칙이 다르므로 이용 시 각각의 라이선스를 잘 확인해야 합니다.

✦ 아이패드에 서체를 설치해 사용하는 방법

이제 직접 서체를 다운받아 설치하고 프로크리에이트에서 사용하는 과정을 알려드리겠습니다. 이 과정을 잘 숙지해 두면 어떤 서체든지 자유롭게 활용할 수 있을 것입니다.

01 배달의 민족 서체 중 하나를 다운받아 설치해 보겠습니다. 사파리 앱을 통해 사이트에 접속하고 맨 아래의 ❶ '배민 주아체' 항목 하단의 [OTF 다운로드]를 터치합니다. ❷ 터치하면 뜨는 팝업 창에서 [다운로드]를 터치합니다.

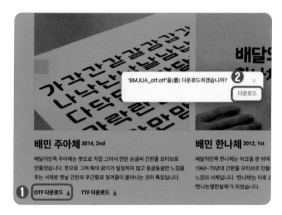

02 다운이 완료되면 오른쪽 상단의 ⬇ 아이콘이 움직입니다. ❶ 이 ⬇ 아이콘을 터치하면 열리는 [다운로드 항목] 팝업 창에서 ❷ 다운받은 서체 파일을 터치합니다.

03 서체 파일 이름으로 된 새로운 창이 열립니다 ❶ 상단 오른쪽의 📤 아이콘을 터치하면 여러 앱이 뜹니다. ❷ 이 중에서 프로크리에이트를 선택하면 앱이 실행되며, 해당 서체가 자동으로 설치됩니다. ❸ 설치가 다 되면 사파리 앱으로 돌아와 오른쪽 상단의 [완료]를 터치합니다.

04 이제 프로크리에이트에 들어가 잘 설치가 되었는지 확인해 보겠습니다. ❶ ➕를 터치하고 ❷ 이어서 ⬛를 선택해 새 캔버스를 만듭니다. ❸ [너비]를 '2000px', [높이]를 '2000px'로 설정한 후 [창작]을 터치합니다.

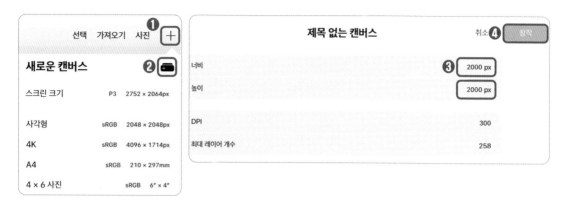

05 ❶ [동작 🔧]에서 ❷ [추가]를 선택한 후 ❸ [텍스트 추가]를 터치합니다.

06 ❶ '텍스트' 부분을 빠르게 두 번 터치하여 모든 글자를 선택한 후 서체를 바꾸기 위해 ❷ 'Eina 01'이라고 표기된 탭을 터치합니다.

07 탭을 터치하면 다양한 서체가 팝업 메뉴로 뜹니다. 위로 스와이프해서 다운받았던 ❶ 'BM JUA_OTF' 서체를 찾아 선택하고 ❷ [완료]를 누릅니다. 이렇게 하면 텍스트에 '배민 주아체'가 적용된 것을 확인할 수 있습니다.

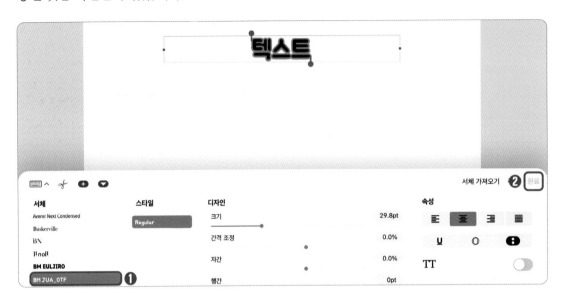

OTF와 TTF의 차이점

앞서 '배민 주아체'를 다운받을 때 같은 서체임에도 두 종류(OTF와 TTF)가 있었습니다. 두 파일의 차이점은 무엇일까요? 두 확장자의 특징을 이해하기 위해서는 우선 비트맵과 벡터의 차이를 알아야 합니다.

– 비트맵(BITMAP)이란?
점이나 픽셀들의 조합으로 이미지가 구현된 것을 말합니다. 작은 크기로 볼 때는 문제가 없지만, 확대하면 아래 그림처럼 외곽이 계단 모양으로 깨지거나 흐려집니다. 확대할수록 그림을 구성하는 점이나 픽셀이 두드러져 외곽으로 갈수록 깨져 보이는 것입니다. 이런 단점이 있지만 대신 벡터에 비해 용량을 적게 차지하기에 여러 프로그램에서 이미지를 처리하는 속도가 그만큼 빠르다는 장점이 있습니다.

– 벡터(VECTOR)란?
점과 점의 함수관계로 이미지를 구현하는 형태입니다. 아무리 크게 확대를 하더라도 비트맵처럼 깨지는 부분이 없이 매끈합니다. 이런 장점을 가진 대신 복잡한 그림을 그릴 때는 이미지를 처리하는 시간도 많이 소요됩니다.

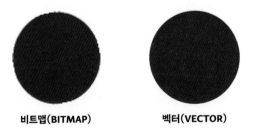

비트맵(BITMAP) 벡터(VECTOR)

서체 설명으로 다시 돌아가면, 각각 TTF는 비트맵, OFT는 벡터 방식으로 구현되는 파일입니다. 따라서 TTF는 용량이 작은 간단한 문서 작업 등에 적합하고, OFT는 전문 디자인 작업에 더 적합합니다.

자음·모음 조정하며 균형감 익히기

이번에는 다운받은 서체로 작성한 글자의 자음과 모음을 각각 조정하여 조금 더 조형감이 느껴지는 타이포그래피로 만들어보겠습니다.

01 다운받았던 '배민 주아체'를 이용해 '스티커'라는 텍스트를 작성합니다.

02 상단의 ❶ [변형 ↗]을 터치하고 이어서 ❷ [균등] 탭을 선택해 크기를 크게 키워줍니다.

03 ❶ [레이어 ] 창을 열어 ❷ '스티커' 텍스트 레이어를 한 번 더 터치합니다. 여러 가지 레이어 편집 메뉴가 나오는데요. ❸ 이 중 [레스터화]를 선택합니다. 여기서 '레스터화'는 텍스트나 벡터 이미지를 픽셀 이미지로 변환해 자유롭게 수정하거나 효과를 적용할 수 있게 하는 기능입니다. ❹ 상단에 **텍스트 레이어 레스터화**'라는 메시지가 뜨면서 텍스트 레이어가 이미지 레이어로 변환됩니다.

> ☀ **주의!**
> 한번 레스터화된 텍스트는 더 이상 문자(텍스트)가 아닌 이미지입니다. 그러므로 이미지에 적용할 수 있는 모든 효과와 기능도 사용할 수 있습니다. 단, 적용 후에는 더 이상 키보드를 이용해 글자를 수정할 수 없으니 적용 시 유의하세요.

04 ❶ 상단의 [선택 ]을 터치하면 뜨는 팝업 창에서 ❷ [올가미]를 선택합니다. 올가미는 브러시로 선을 그리듯이 원하는 부분을 자유롭게 선택하여 선택 영역으로 지정할 수 있게 해주는 도구입니다. 자음·모음 각각을 조정하기 위해 올가미로 'ㅅ' 부분만 선택합니다. ❸ 이때 선 끝이 시작점인 회색 점까지 이어지도록 합니다.

05 올가미로 'ㅅ'을 선택한 채로 상단의 ❶ [변형✐]을 터치합니다. 'ㅅ'만 선택되어 수정할 수 있게 되었습니다. 이어서 ❷ 위쪽의 초록 점◉을 터치한 채로 드래그해 회전하거나 ❸ 파란 점◉을 터치한 채로 드래그해 크기를 조절할 수 있습니다.

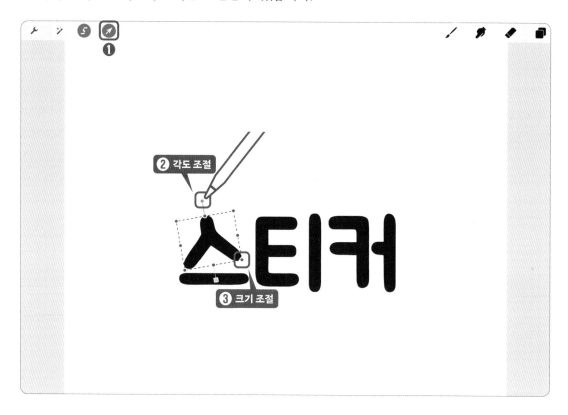

06 나머지 자음과 모음도 똑같이 올가미 도구로 선택해 마음껏 변형시키며 좀 더 귀엽고 통통 튀는 느낌의 타이포그래피를 만들어봅시다.

LESSON 02

따라 쓰며 예쁘게 글씨 쓰는 감각 익히기

여러분 이 책 초반에 안내한 실습용 브러시와 캔버스를 준비하셨을까요? 아직 다운로드하지 않았다면 13쪽을 참고하여 준비합니다. 이번에는 다운받은 실습용 브러시를 이용해 글씨를 써볼 시간입니다. 기존의 서체를 따라 써본 후 이어서 저의 손글씨까지 따라 써보며 글자를 예쁘게 쓰는 감각을 익혀보겠습니다.

기존 서체 따라 써보기

다운받은 '배민 주아체'를 따라 써보며 글씨를 예쁘게 쓰는 법을 익혀봅시다. 물론 다른 서체를 활용해도 상관없습니다. 마음에 드는 서체가 있다면 그것을 사용해 동일한 과정으로 실습을 진행합니다. 실습에 앞서 실습용 파일을 프로크리에이트로 가져오는 것부터 시작하겠습니다.

01 ❶ 갤러리 화면 우측 상단의 [가져오기]를 터치한 후 실습 파일을 저장해 둔 경로에서 ❷ 실습용 '©DDWOONG paper canvas.procreate' 파일을 가져옵니다.

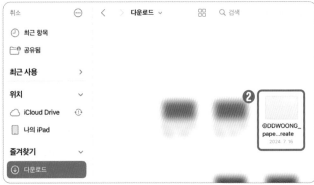

02 캔버스가 열리면 브러시를 먼저 선택해 둡니다. ❶ [브러시✏️]를 터치하면 다운받은 ❷ [실습용]이라는 새로운 브러시 카테고리가 생성되어 있습니다. 이를 선택하여 이후 실습을 진행하면 됩니다. 각 과정마다 변동되는 브러시 설정은 따로 마련된 '브러시 설정' 박스 속 정보를 참고하세요.

+한글 따라 쓰기

01 ❶ [동작🔧]에서 ❷ [추가]를 선택한 후 ❸ [텍스트 추가]를 터치합니다. 커서가 뜨면 '아이패드 드로잉'이라고 타이핑합니다.

02 ❶ 텍스트를 빠르게 두 번 터치하여 글자를 선택합니다. ❷ 이때 선택된 일부 글자만이 아니라, 🌡️ 아이콘을 터치한 채로 끝까지 드래그하여 작성한 모든 글자를 선택합니다. ❸ 글씨체를 바꾸기 위해 'Eina 01'이라고 떠 있는 탭을 터치합니다. ❹ 하단에 뜬 서체 설정 메뉴 창에서 'BM JUA_OTF'를 선택하고 ❺ [완료]를 누릅니다.

03 상단의 ❶ [변형🧭]을 터치하고 ❷ [균등] 탭을 선택해 ❸ 전체 크기를 키워줍니다.

04 ❶ [레이어 □]를 터치하여 레이어 창을 연 후 ❷ 작성한 텍스트 레이어를 선택한 채 드래그하여 이미 만들어져 있는 'New layer' 레이어 밑으로 이동시킵니다.

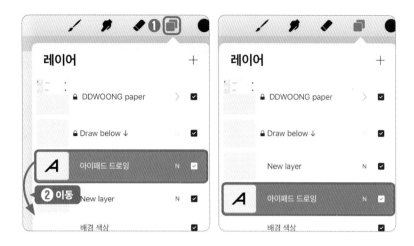

05 텍스트 레이어의 ❶ N 아이콘을 터치하고 ❷ [불투명도]를 '30%'로 조정합니다.

06 이어서 'New layer'를 선택하고 배경에 보이는 글자를 써봅시다. 바탕 글자를 따라 쓰되, 본인의 개성을 담아 귀여운 느낌이 나도록 해봅니다. 브러시 크기는 왼쪽 상단의 슬라이드 바를 조정하면 원하는 굵기로 조정할 수 있습니다.

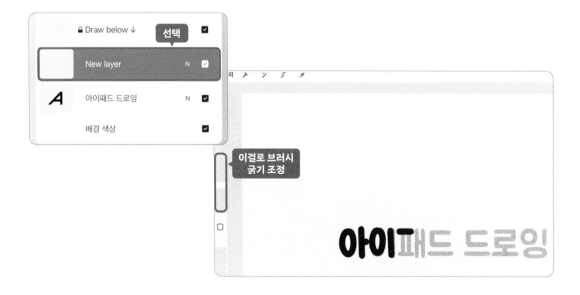

+영어 따라 쓰기

01 앞서 실습했던 캔버스에 이어서 진행해 보겠습니다. ❶ 입력했던 '아이패드 드로잉' 텍스트 레이어를 왼쪽으로 스와이프하고 ❷ [복제]를 터치해 레이어를 복제합니다.

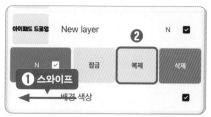 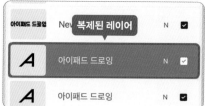

02 복제한 레이어를 드래그해 'New layer' 위로 이동시킵니다.

03 이전에 실습했던 두 레이어가 보이지 않도록 체크를 해제(☑→☐)합니다.

04 캔버스에 보이는 '아이패드 드로잉' 텍스트를 빠르게 두 번 터치하여 전체 선택하고 'Rainbow'라고 타이핑합니다.

05 ❶ [레이어 ▣]를 선택하고 ❷ ➕를 터치해 새 레이어를 만든 후 이름을 '따라 쓰기'로 변경합니다. ❸ 새로 생성한 레이어에 'Rainbow'를 따라 써봅니다. 이 외에도 다양한 서체나 단어를 따라 쓰는 연습을 거쳐 프로크리에이트에서 나만의 멋진 글씨체를 개발해 봅시다.

🖌 **브러시 설정**
종류: [띠옹] 베이직
[띠옹] 베이직

색상: 〰〰〰 #3b3b3b
크기: 20%

띠웅의 손글씨 따라 써보기

이번에는 저 띠웅이 직접 쓴 글씨를 바탕에 깔고 조금 더 개성 있는 글씨를 쓰는 연습을 해보겠습니다. 예쁘게 쓰는 법을 많이 미리 연습해 두면 나중에 나만의 독창적인 글씨를 쓸 때도 훨씬 도움이 되니 많이 써보며 감각을 완전히 익힐 수 있도록 합니다.

01 ❶ 갤러리 화면 오른쪽 상단의 [가져오기]를 터치하여 ❷ 다운받은 실습용 파일의 '글씨 따라 쓰기.procreate' 파일을 가져옵니다.

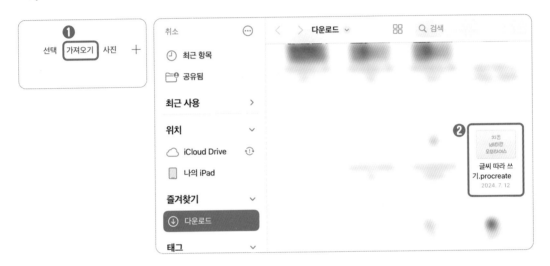

02 받은 실습 파일이 열리면 ❶ [레이어 🗐] 창을 열어 ❷ '예제 글씨체' 레이어의 N을 터치한 후 해당 레이어의 ❸ [불투명도]를 '30%'로 조정합니다.

03 ❶ ⊞를 터치해 '예제 글씨체' 레이어 위에 ❷ 새 레이어를 만든 후 이름을 '따라 쓰기'로 변경합니다.

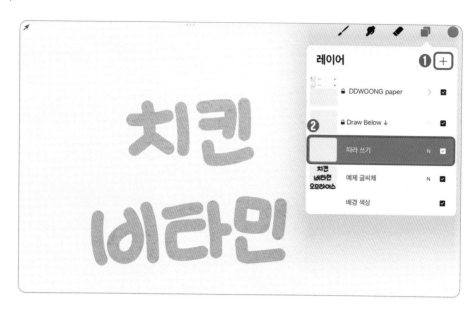

04 [브러시 ✐]를 선택하고 다음의 '브러시 설정' 박스의 내용대로 설정한 후 예제 글씨체를 따라 쓰며 글자를 예쁘게 쓰는 법을 익혀봅시다. 'ㅂ'이나 'ㄹ' 등에서 디자인적으로 포인트를 주면 글씨만으로도 좀 더 귀여운 느낌을 낼 수 있습니다.

🖌 **브러시 설정**
종류: [[띠웅] 베이직
색상: #3b3b3b
크기: 30%

05 동일한 방법으로 '글씨 따라 쓰기(테두리).procreate' 파일을 가져온 후 ❶ [레이어 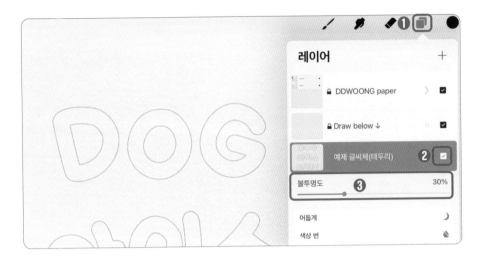]를 열어 ❷ '예제 글씨체(테두리)' 레이어의 N 을 터치하여 해당 레이어의 ❸ [불투명도]를 '30%'로 조정합니다.

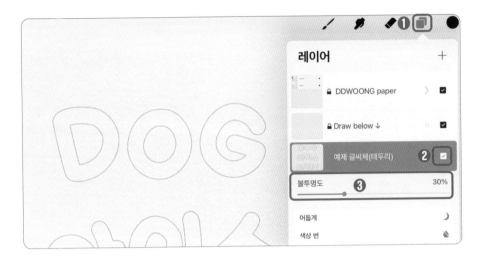

06 ❶ ➕를 터치해 '예제 글씨체(테두리)' 레이어 위에 ❷ 새 레이어를 만든 후 이름을 '따라 쓰기'로 변경합니다.

07 새로 만든 레이어에 예제를 따라 글자를 써봅시다. 아웃라인 브러시를 사용할 때는 글자를 한 획으로 써주어야 선이 끊김 없이 이어집니다. ❶ 왼쪽 위에서 시작하여 아래 방향으로 그린 후 ❷ 'D'의 곡선 부분을 그려 첫 지점과 잇습니다.

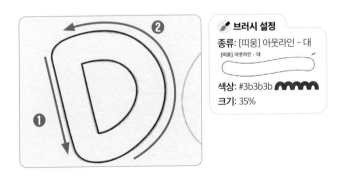

🖌 브러시 설정
종류: [띠웅] 아웃라인 - 대
색상: #3b3b3b
크기: 35%

08 '아이스' 부분의 모음 'ㅏ'를 써봅시다. ❶ 맨 위에서 아래 방향으로 선을 그은 후 ❷ 펜슬을 떼지 않은 채로 중간 지점까지 다시 그어 올라갑니다. ❸ 튀어나온 마지막 부분을 긋습니다.

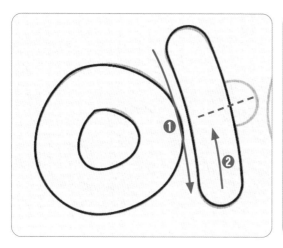 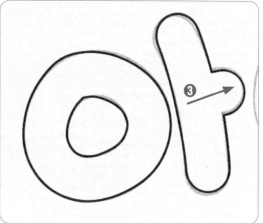

09 '글씨 따라 쓰기2'와 '글씨 따라 쓰기(영어)', '글씨 따라 쓰기(테두리)2' 파일도 같은 방법으로 열어 따라 쓰며 연습해 봅시다.

글씨 따라 쓰기2

✏ 브러시 설정
종류: [띠웅] 베이직
[띠웅] 베이직
색상: #3b3b3b
크기: 30%

글씨 따라 쓰기(영어)

🖌 브러시 설정

종류: [띠움] 베이직

[띠움] 베이직

색상: #3b3b3b

크기: 40%

글씨 따라 쓰기(테두리)2

🖌 브러시 설정

종류: [띠움] 아웃라인 - 대

[띠움] 아웃라인 - 대

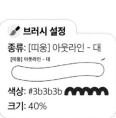

색상: #3b3b3b

크기: 40%

LESSON 03

색을 조화롭게 매칭하는 방법 익히기

그림의 전체적인 분위기를 결정하는 중요한 요소가 바로 채색입니다. 색상을 얼마나 잘 매치하여 배색했는지에 따라 그저 그런 디자인도 사람들의 시선을 단숨에 사로잡을 수 있습니다. 또한 같은 색을 사용해도 어떤 색상과 조합하는지에 따라 부드러워 보이거나, 빈티지해 보이거나, 차가워 보이는 등 다양한 분위기를 낼 수 있습니다.

색이란 것은 색상, 채도, 명도라는 세 가지 요소로 이루어져 있습니다. 이번 레슨에서는 각 요소를 이해하고 어떻게 조화롭게 사용해야 하는지 알아보겠습니다.

명도

명도란 색의 밝고 어두운 정도를 말합니다. 흰색으로 갈수록 명도가 높고, 검은색으로 갈수록 명도가 낮다고 표현합니다. 명도는 눈이 느끼는 밝기에 의존하기 때문에 색상 자체의 명도보다는 함께 사용하는 색상과 비교했을 때 느껴지는 상대적인 밝기를 의미합니다. 다음의 예시 그림과 같이 명도를 잘 활용하면 대비를 이루어 특정 요소가 주목받도록 강조하는 것이 가능해집니다.

눈에 잘 띈다

눈에 잘 띄지 않는다

채도

채도란 색상의 선명도를 말합니다. 어떤 색도 섞이지 않은 순수한 원색에 가까운 색을 '채도가 높다'고 표현합니다. 반대로 채도가 가장 낮은 색은 **무채색**이라고 합니다. 채도는 작품의 분위기를 결정하는 중요한 요소입니다. 채도가 높은 색은 강렬하고 눈에 확 띄어 이목을 끌고, 채도가 낮은 색은 부드럽고 빈티지한 느낌을 줍니다.

채도 95%

채도 43%

색상

색상이란 특정 색깔을 빨강, 노랑, 파랑 등으로 구분할 수 있게 하는, 각 색이 가진 고유한 속성을 말합니다. 이 색상을 보기 편하게 구분해서 원으로 표시한 것을 **색상환**이라고 합니다. 이 색상환에서 서로 가까운 위치에 있는 색을 '유사색', 맞은편에 있는 색을 '대비색(보색)'이라고 합니다. 그림이나 디자인에 이러한 관계성을 고려하며 색상을 사용하면 좀 더 조화롭고 포인트가 되는 느낌을 줄 수 있습니다.

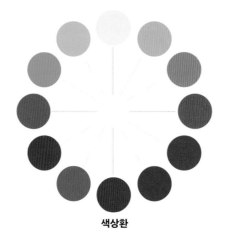

색상환

+유사색

유사색은 색상 차이가 적기 때문에 우리 눈에 익숙하고 안정감을 줍니다. 하지만 지나치게 사용하면 자칫 단조롭거나 지루한 느낌이 들 수 있다는 단점이 존재합니다.

#6aafe6
#8ec0e4
#d4dfe6

유사색을 사용한 예

+대비색(보색)

대비색(보색)은 서로 반대되는 색상인 만큼 두 색상의 차이가 극명하여 또렷하고 강렬한 느낌을 줍니다. 하지만 자칫 잘못 사용하면 다소 촌스럽거나 유치해 보일 수 있습니다.

#f8e132
#3249f8

대비색(보색)을 사용한 예

색상을 조화롭게 사용하는 요령

사용하는 색상의 종류가 많아질수록 색을 조화롭고 균형 있게 사용하는 것이 더욱 어려워집니다. 배경까지 전부 칠하는 일러스트와는 달리 이 책에서 배우는 타이포그래피는 주로 흰 배경에 글자와 그림을 그리기 때문에 비교적 적은 수의 색을 사용합니다. 따라서 그림이나 일러스트를 그릴 때 보다는 조금 수월합니다.

저는 일반적으로 한 작품에 두세 가지의 색을 사용합니다. 여러분도 만약 어떤 색을 사용해야 할지 난감하다면 먼저 한두 가지 색상만을 이용해 포인트를 넣는 방식으로 진행해 보세요.

+한 가지 색상

한 가지 색상으로 포인트를 준 디자인입니다. 색상을 하나만 활용했는데도 그렇게 지루하거나 단조롭게 느껴지지는 않을 겁니다. 이처럼 같은 색상 안에서 명도만 조절해도 다양한 느낌을 줄 수 있고, 자칫 밋밋해 보일 가능성을 완화할 수 있습니다.

+두 가지 색상

다음 디자인에서는 두 가지 대비되는 색을 사용했습니다. 일반적으로 저는 작업할 때 통통 튀거나 귀여운 감각을 더하고 싶을 때 서로 대비되는 보색을 쓰는 편입니다. 자칫 유치해 보이기 쉬우나, 채도를 조금 낮추면 훨씬 차분하고 분위기 있는 느낌을 낼 수 있습니다.

색 조합 사이트

색상을 조화롭게 선택하기 어렵다면 자동으로 예쁜 색 조합을 추천하는 사이트들을 참고해 감각을 키우는 것도 도움이 됩니다.

1. Color Hunt(https://colorhunt.co/)

Color Hunt는 기본적으로 4색 구성의 컬러 팔레트를 제공합니다. 왼쪽의 메뉴에서 파스텔, 빈티지, 레트로 등 원하는 분위기를 골라 다양한 컬러 조합들을 살펴볼 수 있습니다. 마음에 드는 조합을 선택하면 각각의 컬러 코드도 확인할 수 있고, 그 코드를 복사할 수도 있어 프로크리에이트에서 활용하기 편리합니다.

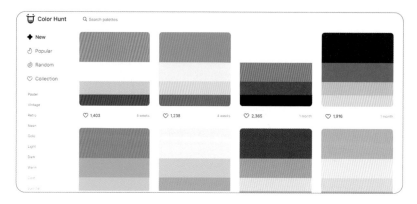

2. Khroma(https://www.khroma.co)

Khroma는 인공지능 기술을 이용해 컬러 팔레트를 자동으로 생성해 주는 사이트입니다. 사이트에 들어가 자신이 좋아하는 50가지의 색을 선택하면 이 결과를 기반으로 다양한 색 조합을 생성해서 보여줍니다.

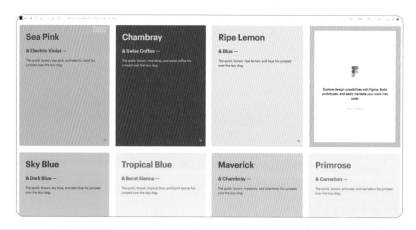

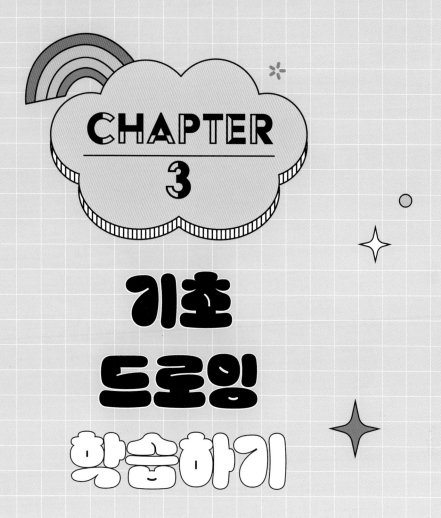

CHAPTER
3

기초
드로잉
학습하기

밑그림을 따라 그리며 퀵셰이프 기능 익히기

👀 실습 작품 미리 보기

밑도 끝도 없이 갑자기 자유롭게 무언가를 그려내기란 초보자에게는 너무나 난감한 일일 것입니다. 광활해 보이기까지 하는 하얀 캔버스를 바라보면 뭘 그려야 할지, 어떤 것을 그리면 좋을지 막막하고 정신이 아득해지는 기분마저 드는 분도 있을 겁니다.

이런 분들을 위해 이번 레슨에서는 프로크리에이트의 퀵셰이프 기능을 이용하여 제공된 실습용 그림을 따라 그리며 드로잉에 대한 부담감을 덜고, 간단한 이미지를 조금 더 편리하게 그리는 방법을 배워보겠습니다.

◇ **실습용 파일명:** 햄버거 세트 그리기 예제.png

◇ **사용한 팔레트명:** 햄버거 세트 팔레트.swatches

햄버거 세트 그리기 - 다양한 기능을 활용해 라인 드로잉하기

01 ❶ ➕ 아이콘을 터치한 후 이어서 ❷ 🔲 아이콘을 터치해 새로운 캔버스를 만들어줍니다.
❸ [너비] '3508px', [높이] '2480px', [DPI]는 '300'으로 입력 후 ❹ [창작]을 터치합니다.

02 ❶ [동작 🔧]을 터치하고 ❷ [추가]를 선택한 후 아래에 보이는 ❸ [파일 삽입하기]를 터치합니다. ❹ 실습 파일을 저장해 둔 경로에서 '햄버거 세트 그리기 예제.png' 파일을 불러옵니다.

03 ❶ [레이어 📑]을 터치하고, 레이어 이름을 '예제'로 변경합니다. ❷ 불러온 밑그림이 있는 '예제' 레이어의 N을 터치하면 보이는 상세 설정에서 ❸ [불투명도]를 '20%'로 조정합니다. ❹ 이제 ➕를 터치해 새 레이어를 만든 후 레이어 이름을 '햄버거 외곽선'으로 변경합니다.

04 ❶ [브러시 ✏️]를 터치하고 ❷ [실습용] 탭의 ❸ '[띠웅] 베이직' 브러시를 선택합니다. ❹ 사이드 바에서 브러시 크기를 '7%'로 조정합니다. ❺ [색상 ●]을 터치하고 ❻ [클래식] 모드로 들어가 가장 진한 검은색에서 ❼ 조금 위를 터치해 진회색을 고릅니다(정확한 색상값을 확인하고 싶으신 분은 92쪽을 참고해 주세요).

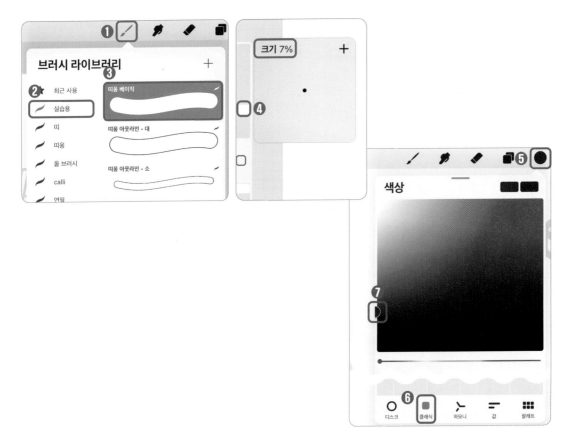

05 이제 예제를 따라 위에서부터 순서대로 햄버거의 외곽선을 그립니다.

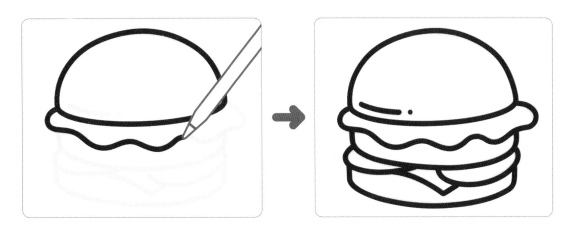

매끄러운 선 그리기

밑그림이 있어도 매끄럽고 깨끗한 선을 긋기가 어렵다고 느끼시나요? 그런 분들을 위해 손 떨림을 어느 정도 보정하고 선을 좀 더 매끄럽게 그릴 수 있도록 해주는 기능이 있습니다.

❶ [동작 🔧]을 터치하고 ❷ [설정]을 선택한 후 ❸ [압력 및 다듬기]를 터치합니다. ❹ 움직임 필터링을 '30~40%' 정도로 조정합니다.

이제 캔버스에 시험 삼아 선을 그어보면 전보다 조금 더 매끄러운 선이 그려지는 것을 느끼실 수 있을 겁니다.

06 이어서 콜라도 그려볼까요? ❶ [레이어 🔲]를 열어 ❷ ➕를 터치해 새 레이어를 만든 후 레이어 이름을 '**콜라 외곽선**'으로 변경합니다.

07 콜라는 퀵셰이프 기능을 이용해 그려보겠습니다. ❶ 뚜껑에 해당하는 타원을 그리고 ❷ 애플펜슬을 떼지 않고 있으면 깔끔한 타원이 됩니다. ❸ 그대로 애플펜슬을 댄 채 손으로 화면을 한 번 터치하면 수평까지 맞춰집니다. 이때, 수평을 유지하고 싶다면 애플펜슬을 먼저 떼야 합니다. 여기서 모양을 더 세밀하게 수정하고 싶으면 ❹ 상단에 뜨는 [편집 타원] 메시지를 터치하면 나타나는 ❺ 파란 점◉을 조금씩 움직여 수정합니다. 수정이 끝나면 [브러시✎]를 터치해 편집 모드를 마칩니다.

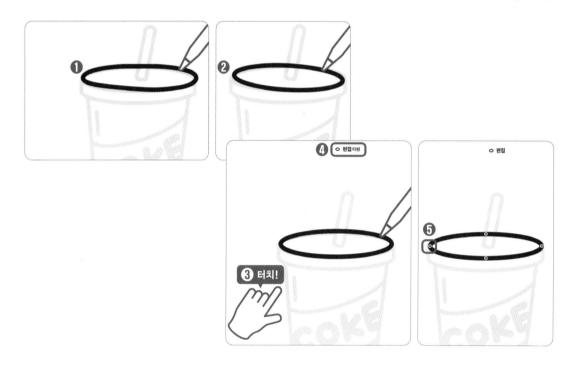

08 직선도 마찬가지로 ❶ 선을 그은 후 ❷ 애플펜슬을 댄 채로 있으면 반듯한 직선이 됩니다. ❸ 동일한 방법으로 빨대와 글자를 제외한 나머지 컵 부분을 그립니다.

09 이어서 다시 ❶ [레이어 📑]를 열고 ❷ ➕를 터치해 새 레이어를 만든 후 레이어 이름을 '빨대'로 변경합니다. ❸ 두 직선을 먼저 그린 후 ❹ 위와 아래를 막아 빨대를 완성합니다.

10 ❶ [레이어 📑]를 터치해 ❷ 컵을 그렸던 '콜라 외곽선' 레이어를 선택한 후 ❸ [지우개 ◢]를 터치해 ❹ 빨대와 겹친 부분을 지웁니다.

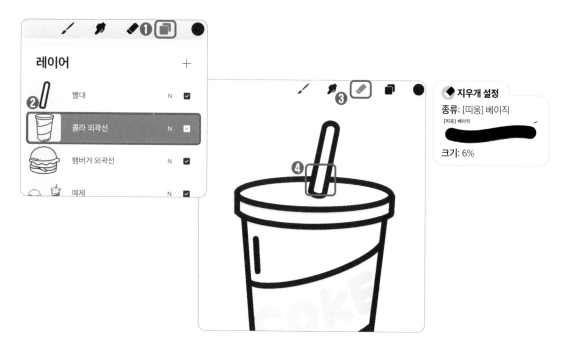

11 ❶ [레이어 🗂]를 열고 ❷ ➕를 터치해 새 레이어를 만든 후 레이어 이름을 '글자'로 변경합니다. ❸ 이어서 [브러시 ✏]를 터치하고 ❹ 사이드 바에서 브러시 크기를 '13%'로 조정합니다. ❺ 컵 라벨의 글자를 따라 써줍니다. 튀어나온 부분은 ❻ [지우개 ✐]를 이용하여 ❼ 지웁니다.

12 ❶ 이제 [레이어 🗂]를 열어 ❷ '콜라 외곽선'부터 '빨대'까지 세 레이어를 꼬집듯이 모아서 ❸ 하나의 레이어로 합칩니다. 그리고 ❹ '예제' 레이어가 화면에서 보이지 않도록 체크를 해제 (☑→□)합니다. 이렇게 햄버거 세트의 밑그림이 완성되었습니다.

색칠하기 – 모드별 색상 선택법 익히기

공들여 그린 햄버거가 선만 있으니 심심해 보입니다. 예쁘게 색칠하면 더욱 완성도 높은 그림이 되겠지요? 그러기 위해서 이번에는 다양한 색상 모드를 활용하면서 색을 칠해보겠습니다. 여러 모드를 시험해 보며 자신에게 가장 잘 맞는 방식을 찾아봅시다.

+클래식 모드

13 ① [레이어 ▣]에서 ② ✚를 터치해 새 레이어를 만든 후 레이어 이름을 '햄버거 칠'로 변경합니다. ③ 새로 만든 '햄버거 칠' 레이어를 '햄버거 외곽선' 레이어 아래로 이동시킵니다. ④ [색상 ●]을 터치하고 ⑤ 하단에서 [클래식] 모드를 선택한 후 ⑥ 색상 슬라이더를 주황색 부분으로 드래그합니다. ⑦ 색상 선택 영역에서 햄버거 빵과 비슷한 색을 선택합니다(정확한 색상값을 확인하고 싶으신 분은 92쪽을 참고해 주세요).

14 ① 색을 채워줄 빵 부분의 테두리를 그린 후 ② [색상 ●]을 테두리 안쪽으로 드래그해 색을 채웁니다.

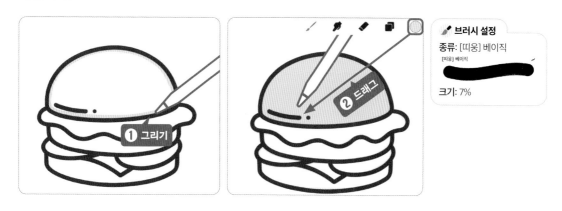

+값 모드

15 이번엔 값 모드에서 색상을 선택해 보겠습니다. ❶ [색상●]을 터치하고 ❷ 하단에서 [값] 모드를 선택합니다. 창 중간쯤에 보이는 ❸ [16진값]에 'b3d24c'를 입력하면 연두색이 선택됩니다. ❹ 양상추에 해당하는 부분의 테두리를 그린 후 ❺ [색상●]을 드래그해 색을 채웁니다.

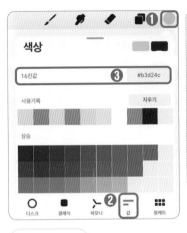

❹ 색이 채워질 면적에 테두리를 그림

🎨 색상값 목록

햄버거&콜라 외곽선: 〰〰〰 #3b3b3b
빵 색깔: 〰〰〰 #f0c891
양상추: 〰〰〰 #b3d24c
패티: 〰〰〰 #ac704a
토마토: 〰〰〰 #ee7d7a
치즈: 〰〰〰 #fdd56c
콜라 뚜껑 음영: 〰〰〰 #cacaca
콜라컵: 〰〰〰 #ee7d7a
빨대: 〰〰〰 #7adfee

✴ 주의!

16진값 입력 시 유의할 점

16진값을 직접 입력할 때는 #을 빼고 6자리의 영문+숫자만 작성합니다. 입력하고 나면 #은 자동으로 붙습니다. 앞 장에서 알려드린 색 조합 사이트 등에서 색상 값을 복사하여 붙여 넣을 때도 #이 있으면 입력되지 않으므로 반드시 #이 없는 영문과 숫자만 복사하세요.

+팔레트 모드

16 이번엔 팔레트 모드에서 색상을 선택해 색칠해 보겠습니다. ❶ [색상●]을 터치하고 ❷ 하단에서 [팔레트]를 선택합니다. ❸ ➕를 터치하고 ❹ [파일로 새로운 작업]을 선택해 ❺ 다운받았던 '햄버거 세트 팔레트.swatches' 파일을 가져옵니다.

17 햄버거 세트 팔레트가 추가되었습니다. ❶ 상단의 [카드] 모드를 선택하면 '햄버거 세트' 팔레트만 보이며, 색상마다 번호가 붙은 채로 나열된 것을 볼 수 있습니다. ❷ 3번의 갈색을 선택합니다.

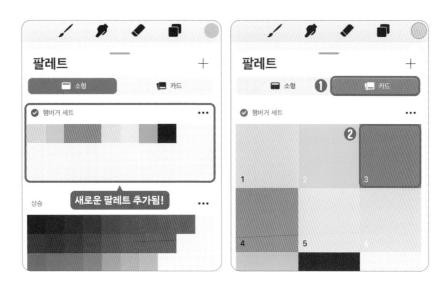

18 ❶ 햄버거 패티 부분의 테두리를 그리고 ❷ [색상 ●]을 드래그해 색을 채웁니다.

19 ❶ [색상●]을 터치하고 ❷ 하단에서 [클래식]을 선택합니다. 맨 아래쪽을 보면 조금 전에 추가했던 '햄버거 세트' 팔레트가 기본 팔레트로 설정된 것이 보입니다. ❸ 토마토와 ❹ 치즈에 해당하는 색을 선택하고 다른 것들과 마찬가지로 색칠합니다.

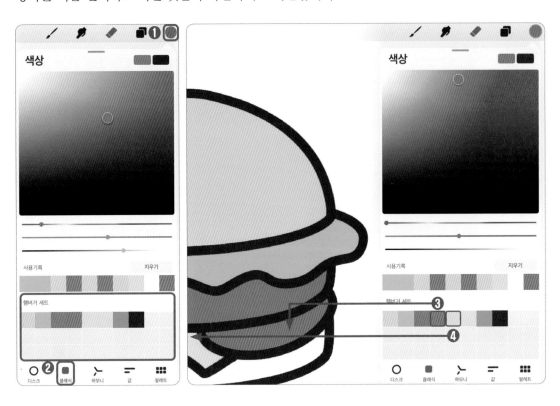

기본 팔레트 설정하기

팔레트 모드에서 ❶ 색을 터치하거나 ❷ •••을 선택하여 ❸ [기본값으로 설정]을 터치하면 해당 팔레트가 기본 팔레트로 설정됩니다. 기본 팔레트로 설정할 경우, 팔레트 모드뿐만 아니라 다른 모드의 하단에도 모두 나타납니다.

+스포이드

20 이번엔 스포이드를 이용해 색상을 선택해 보겠습니다. ❶ 한 손가락으로 빵 부분을 길게 터치하여 색을 선택합니다. ❷ 색이 선택된 것을 확인하고, 마찬가지로 해당 부분에 외곽선을 그려준 후 ❸ [색상 ●] 아이콘을 드래그해 남은 아래쪽 빵 부분을 칠합니다.

완성하기

21 콜라도 햄버거 세트 팔레트를 이용해 색을 칠하고, 전체적으로 작품을 완성해 봅시다. ❶ [레이어 ▣]에서 ❷ ➕를 터치해 새 레이어를 만든 후 레이어 이름을 '**콜라 칠**'로 변경합니다. 콜라도 '햄버거 세트' 팔레트를 이용해 색을 채워봅시다.

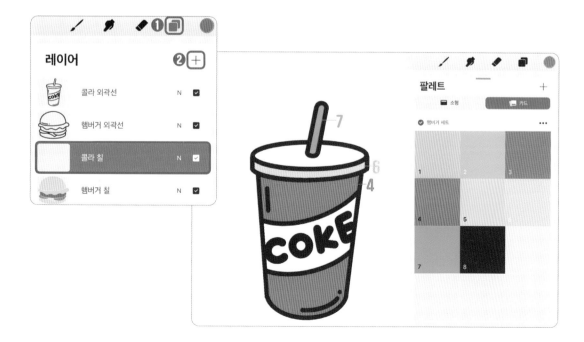

22 ❶ [레이어 ▣]를 터치하고 ❷ '배경 색상' 레이어를 선택합니다. 배경 전용 팔레트 카드가 나타나면 ❸ 5번의 노란색을 선택하고 ❹ [완료]를 터치하면 배경색이 적용됩니다.

23 ❶ '콜라 칠' 레이어를 선택하고 ❷ [색상 ●]을 터치한 후 ❸ 하단의 [클래식] 모드를 선택합니다. ❹ 색상 선택 영역에서 왼쪽 상단 가장 구석의 흰색을 선택합니다. ❺ 콜라 컵의 뚜껑과 글자 배경 부분을 칠합니다.

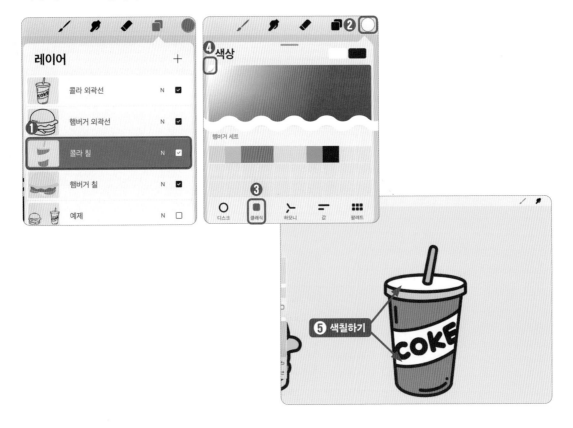

24 귀여운 햄버거 세트가 완성되었습니다.

25 마지막으로 그림을 저장해 볼까요? ❶ [**동작** 🔧]에서 ❷ [**공유**]를 터치한 후 ❸ [**JPEG**]를 선택합니다. 새로 뜬 창에서 ❹ [**이미지 저장**]을 터치하면 사진 앱에 그림이 저장됩니다.

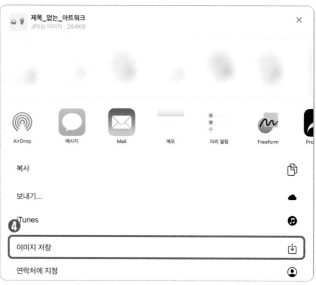

팔레트 만들기

제가 제공한 햄버거 세트 팔레트와 같이 나만의 팔레트를 만들어 다른 사람들에게 공유할 수 있습니다. 여기서는 그 방법을 자세히 알려드리겠습니다.

팔레트 모드에서 ❶ ➕를 터치해 ❷ [새로운 팔레트 생성]을 선택합니다. ❸ 새로운 팔레트가 생성되었습니다. ❹ [제목 없음] 영역을 터치하고 팔레트 이름을 'new'로 변경합니다.

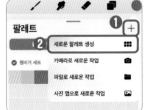
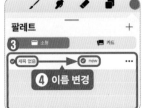

❺ [클래식] 모드를 선택 후 ❻ 원하는 색을 고릅니다. ❼ 'new' 팔레트의 빈 곳을 터치하면 해당 색상이 팔레트에 저장됩니다. ❽ 같은 방식으로 여러 가지 색상을 고르고 ❾ 팔레트의 빈 곳을 터치하여 색을 저장합니다.

❿ 다시 [팔레트] 모드로 돌아와 ⓫ 상단의 [카드] 탭을 터치합니다. ⓬ 카드상의 색 이름을 터치하면 내가 원하는 대로 색상 이름을 변경할 수 있습니다.

⓭ 팔레트 이름 옆의 ••• 아이콘을 터치하여 ⓮ [공유]를 선택합니다. ⓯ 새로 뜬 공유 창에서 [파일에 저장]을 터치하고 ⓰ 저장하고 싶은 위치를 지정한 후 ⓱ [저장]을 터치합니다. 홈 화면으로 돌아가 [파일 🗂] 앱에서 저장한 위치로 들어가면 ⓲ 'new.swatches'로 저장된 것을 확인할 수 있습니다.

LESSON 02

그리기 가이드를 이용해 드로잉하기

👀 ✦ 실습 작품 미리 보기

'그리기 가이드'는 깔끔하고 반듯한 그림을 그리기 위해 자주 사용하는 기능입니다. 이번에는 이 그리기 가이드를 이용해 좌우가 대칭되는 그림을 그리고 다양한 효과를 넣어보겠습니다.

◇ **실습용 파일명:** 커피 그리기 예제.procreate

◇ **사용한 팔레트명:** [커피] 팔레트.swatches

'띠웅'의 시연 영상

아이스커피 그리기

01 갤러리 화면에서 오른쪽 상단의 ❶ [가져오기]를 터치한 후 ❷ 실습 파일을 저장해 둔 경로에서 '커피 그리기 예제.procreate' 파일을 가져옵니다.

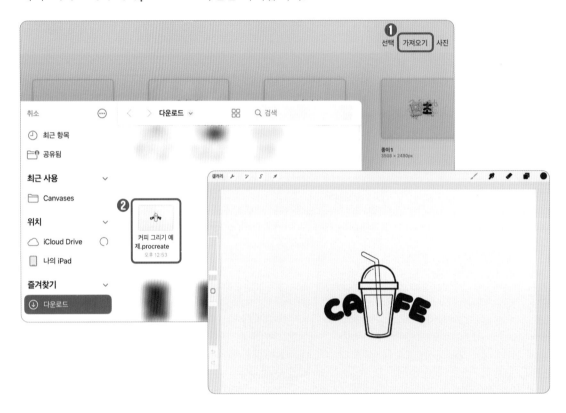

02 ❶ [레이어 🗗] 창을 열어 ❷ '커피 예제' 레이어의 Ⓝ을 터치하고 ❸ [불투명도]를 '20%'로 조정합니다. ❹ 이제 ➕를 터치해 ❺ 새 레이어를 만든 후 레이어 이름을 '컵'으로 변경합니다.

03 ➊ [동작 ✦] 아이콘을 터치하고 ➋ [캔버스]를 선택한 후 ➌ [그리기 가이드]를 활성화합니다. 캔버스 화면에 사각 그물망(그리드) 같은 것이 펼쳐진 게 보입니다. ➍ 이어서 바로 아래에 있는 [그리기 가이드 편집]을 터치합니다. ➎ 하단의 네 가지 종류 중 가장 오른쪽의 대칭을 선택하면 그 물망이 정가운데의 일직선 하나로 변경된 것을 확인할 수 있습니다. 이 상태에서는 좌우가 완벽히 대칭되는 그림을 그리는 것이 가능해집니다. ➏ [완료]를 터치합니다.

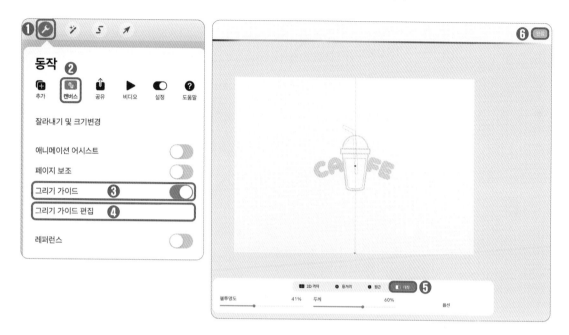

04 [레이어 ▣] 창을 열어보면 우리가 만든 '컵' 레이어 밑에 '보조'라는 메시지가 생긴 것이 보입니다. 이 메시지가 떴다면 그리기 가이드 기능이 적용되었다는 뜻입니다. 이제 해당 레이어에 그림을 그려보면 가운데 선을 기준으로 양쪽이 대칭되게 그려지는 것을 알 수 있습니다.

05 이제 예제를 따라 커피 컵을 그립니다. 뚜껑의 곡선을 그린 후 애플펜슬을 떼지 않고 있으면 깔끔한 곡선이 됩니다. 마찬가지로 직선을 그린 후 애플펜슬을 떼지 않은 상태로 다른 손으로 화면을 한 번 터치하여 반듯한 수평선으로 만들어줍니다.

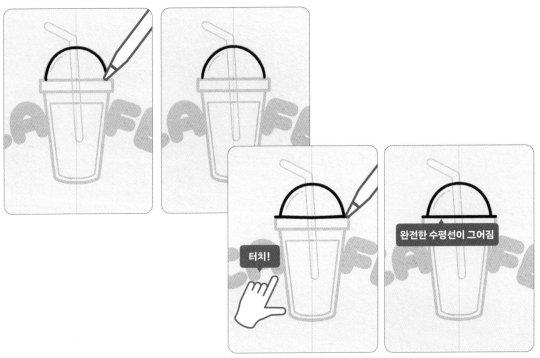

06 이렇게 퀵셰이프를 활용해 커피 컵 외곽 전체를 그려서 완성합니다.

07 다른 레이어에도 그리기 가이드를 적용해 대칭되는 그림을 그려봅시다. 먼저 ❶ [레이어]를 터치하고 ❷ ➕를 터치해 새 레이어를 만든 후 레이어 이름을 '커피'로 변경합니다. ❸ 새로 만든 '커피' 레이어를 '컵' 레이어 아래로 이동시킵니다. ❹ '커피' 레이어를 한 번 더 터치하여 팝업 메뉴를 열고 [그리기 도우미]를 선택해 활성화합니다.

08 '커피' 레이어 이름 아래에 '보조' 메시지가 생긴 것이 보입니다. 이제 해당 레이어에도 '그리기 가이드' 기능이 적용되어 좌우 대칭이 되는 그림을 쉽게 그릴 수 있습니다.

09 [색상 ●]에서 갈색을 선택한 후 예제를 따라 커피 부분을 그립니다. [색상 ●] 아이콘을 커피 안쪽으로 드래그해 색을 채웁니다.

🖌 **브러시 설정**
종류: [띠웅] 베이직
[띠웅] 베이직

색상: ～～～ #96816c
크기: 6%

10 ❶ [레이어 🗐]를 열고 ❷ '커피' 레이어의 N을 터치해 ❸ 해당 레이어 모드를 가장 위에 있는 '곱하기'로 변경합니다(모드를 변경하면 N 아이콘의 글자가 해당 모드의 약자로 바뀝니다).

11 ❶ [동작 🪄]을 터치하고 ❷ [캔버스]를 선택한 후 ❸ [그리기 가이드]를 비활성화합니다. 화면 가운데 있던 선이 없어진 것을 확인할 수 있습니다.

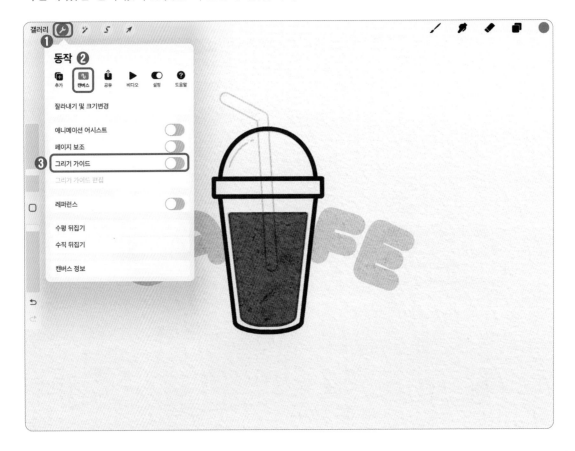

12 하지만 이는 단순히 가이드 선만 사라진 것이기 때문에 레이어에 적용된 그리기 가이드 기능도 꺼주어야 선이 더 이상 좌우 대칭으로 그려지지 않습니다. ❶ [레이어 🗂]에 들어가 ❷ '컵' 레이어를 두 번 터치한 후 ❸ 체크되어 있는 [그리기 도우미]를 터치합니다. ❹ 레이어 밑에 있던 '보조' 메시지가 사라지며 그리기 도우미 기능이 해제됩니다.

13 컵 레이어가 선택된 채로 예제를 따라 빨대를 그립니다. 아웃라인 브러시도 베이직 브러시와 마찬가지로 한 번에 그린 후 애플펜슬을 떼지 않고 있으면 반듯한 빨대가 그려집니다.

🖊 **브러시 설정**
종류: [띠웅] 아웃라인 - 대
색상: 〰〰〰 #3b3b3b
크기: 15%

14 ❶ [레이어 ] 창을 열고 ❷ ➕를 터치해 새 레이어를 만든 후 레이어 이름을 '얼음'으로 변경합니다. ❸ 새로 만든 '얼음' 레이어를 '컵' 레이어 아래로 이동시킨 후 ❹ '얼음' 레이어에 네모 모양의 얼음 세 개를 그립니다.

✏ **브러시 설정**

종류: [띠웅] 베이직
[띠웅] 베이직
색상: ～～～ #c7af96
크기: 6%

15 ❶ [색상 ●]을 드래그해 얼음 안에 색을 칠합니다. ❷ 상단의 [채우기 계속]을 선택해서 ❸ ✓ 아이콘으로 변한 것을 확인한 후 ❹ 나머지 빈 곳도 터치해 색을 채웁니다.

16 ❶ [선택 ⤴]을 터치한 후 하단의 ❷ [직사각형]을 선택합니다. ❸ 얼음이 커피에 잠겨 있는 부분을 드래그하여 선택합니다.

17 선택한 채로 ❶ [조정 ✦]에 들어가 ❷ [가우시안 흐림 효과]를 선택합니다. ❸ 애플펜슬로 화면을 왼쪽에서 오른쪽으로 드래그하여 ❹ 흐림 정도를 '3%'로 조정합니다. 커피에 담긴 얼음이 조금 더 자연스럽게 흐려져 보입니다. ❺ [선택 ⤴]을 한 번 더 터치하여 선택된 영역을 해제합니다.

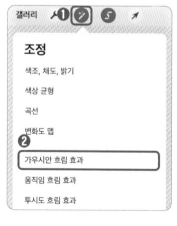

18 ❶ [레이어 ] 창을 열고 ❷ ➕를 터치하여 ❸ '얼음' 레이어 위에 새 레이어를 생성하고 이름을 '빨대'로 변경합니다.

19 빨대의 색을 칠하기 위해 ❶ 빨대 부분을 따라 테두리를 그린 후 ❷ [색상 ●]을 드래그해 색을 채웁니다.

🖌 **브러시 설정**

종류: [띠웅] 베이직

[띠웅] 베이직

색상: 〰〰〰 #99c1b9

크기: 3%

20 ❶ [레이어 🗇] 창을 열고 ❷ '빨대' 레이어를 터치한 후 ❸ [알파 채널 잠금]을 선택합니다. 이 기능을 사용하면 해당 레이어상의 색이 칠해진 영역에만 무언가를 그릴 수 있습니다. ❹ 이제 빨대에 사선을 그려 줄무늬를 만듭니다.

21 ❶ [레이어 🗇] 창을 열고 ❷ '빨대' 레이어를 터치한 채로 드래그해 '커피' 레이어 아래로 이동시킵니다.

22 ❶ [레이어 📑]에서 ❷ ➕를 터치해 새 레이어를 만들고, 레이어 이름을 '하이라이트'로 변경합니다. ❸ '하이라이트' 레이어를 '컵' 레이어 위로 이동합니다. ❹ 얼음에 반짝이는 하이라이트 효과를 그려 넣습니다. ❺ 컵 바닥이 비치는 부분도 그립니다.

🖌 **브러시 설정**
종류: [띠옹] 베이직
[띠옹] 베이직
색상: 〰〰〰〰 #ffffff
크기: 2%

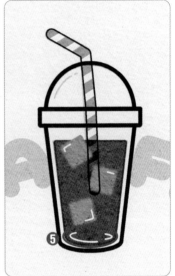

23 컵 옆면에도 하이라이트 효과를 그립니다.

🖌 **브러시 설정**
종류: [띠옹] 아웃라인 - 소
[띠옹] 아웃라인 - 소
색상: 〰〰〰〰 #ffffff
크기: 7%

24 컵 뚜껑에도 예제 선을 따라 하이라이트를 그립니다.

🖌 **브러시 설정**
종류: [띠웅] 베이직
[띠웅] 베이직
색상: 〰〰〰 #3b3b3b
크기: 2%

배경 글씨 쓰고 마무리하기

25 ❶ [레이어 🗐] 창을 열고 ❷ ➕를 터치해 새 레이어를 만들고 이름을 '**글자**'로 바꾸어줍니다.
❸ 새로 만든 '**글자**' 레이어를 '커피 예제' 레이어 위에 오도록 이동시킵니다. 이제 이 레이어에 가이드라인을 따라 'CAFE'라는 글자를 써봅시다.

🖌 **브러시 설정**
종류: [띠웅] 베이직
[띠웅] 베이직
색상: 〰〰〰 #99c1b9
크기: 30%

26 ❶ [레이어 🗐] 창을 열어 ❷ '커피 예제' 레이어가 보이지 않도록 체크를 해제(☑→☐)합니다.

27 청량해 보이는 아이스 아메리카노 그림이 완성됐습니다.

CHAPTER
4

실전

타이포그래피

도전하기

◇ 짧은 글 ◇

LESSON 01

귀여운 '福' 새해 로고 그리기

👀 실습 작품 미리 보기

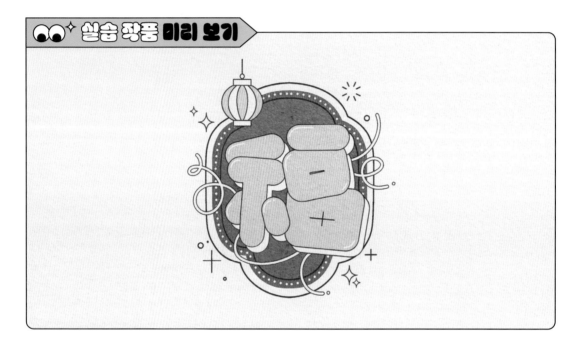

이번 챕터부터 본격적으로 타이포그래피 디자인을 해보겠습니다. 짧은 한 글자 단어부터 차근차근 실습해 봅시다. 이전 장의 '커피 그리기'에서 사용했던 '그리기 가이드' 기능을 더 사용해 보며 쉽게 채색을 할 수 있는 기능인 '레퍼런스'에 대해서도 배워볼 것입니다.

◇ 실습용 파일명: [福] 예제.procreate

◇ 사용한 팔레트명: [福] 팔레트.swatches

'띠웅'의 시연 영상

메인 글자 쓰기

01 ❶ 갤러리 화면에서 오른쪽 상단의 가져오기를 터치한 후 ❷ 실습 파일을 저장해 둔 경로에서 '[福] 예제.procreate' 파일을 가져옵니다.

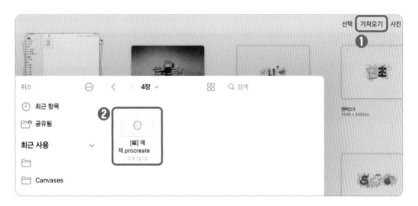

02 ❶ [레이어 ▣]를 열어 ❷ '[福] 예제' 레이어의 N을 터치하고 ❸ [불투명도]를 '20%'로 조정합니다.

03 ❶ 이제 ➕를 터치해 ❷ 새 레이어를 만든 후 레이어 이름을 '글자1'로 변경합니다. ❸ 이제 [브러시 ✏]를 터치하고 다음의 '브러시 설정' 박스 내용대로 종류와 색, 크기를 설정해 준 후 '福' 글자의 가장 첫 획을 그려봅시다.

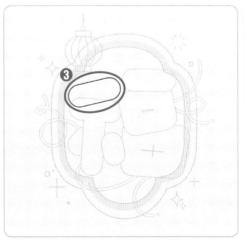

✏ **브러시 설정**
종류: [띠옹] 아웃라인 - 대
색상: #3b3b3b
크기: 48%

04 ❶ [레이어 ]를 열고 ❷ ➕를 터치해 새 레이어를 만든 후 레이어 이름을 '글자2'로 변경합니다. ❸ 이번엔 '福' 글자의 두 번째 부분을 그립니다.

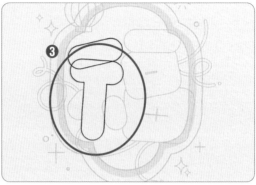

05 이렇게 한 레이어당 한 부분씩 그리며 레이어를 총 '글자7'까지 만듭니다.

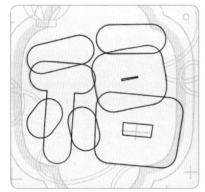

06 ❶ '글자1' 레이어를 선택하고 [지우개 ]를 터치해 ❷ 획끼리 겹친 부분을 지웁니다. ❸ 겹쳐진 다른 부분도 해당하는 획의 각 레이어를 선택하고 지워줍니다.

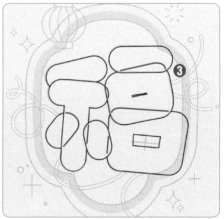

07 ❶ '글자7' 레이어의 네모 부분을 지우고 ❷ 예제를 따라 십자를 그립니다.

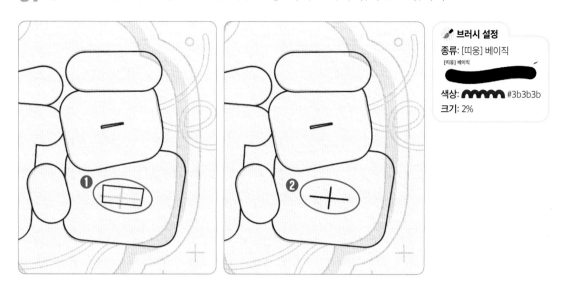

🖌 **브러시 설정**
종류: [띠웅] 베이직
색상: #3b3b3b
크기: 2%

08 ❶ [레이어 🖿] 창을 열어 ❷ '글자1'부터 '글자7'까지 레이어들을 꼬집듯이 모아서 하나의 레이어로 합칩니다.

색칠하기 - 레퍼런스 기능 활용하기

09 ❶ [레이어 🗗] 창을 열어 ❷ ➕를 터치해 새 레이어를 만든 후 레이어 이름을 '글자 색'으로 변경합니다. ❸ 이 레이어를 '글자1' 레이어 아래에 위치하도록 이동시킵니다. ❹ '글자1' 레이어를 두 번 터치하여 세부 메뉴 팝업을 열고 ❺ [레퍼런스]를 선택합니다. ❻ '글자1' 레이어 이름 밑에 '레퍼런스'라는 메시지가 생긴 것이 보입니다. 이는 다른 레이어들이 해당 레이어의 선을 참고하겠다는 의미입니다.

10 ❶ 이제 다시 '글자 색' 레이어를 선택한 후 ❷ [색상 ●]을 드래그해 색을 채워봅시다. [레퍼런스] 기능 덕분에 앞에서 했던 '햄버거 세트 그리기' 실습처럼 색칠할 부분에 테두리를 그리지 않아도 빈 부분에 자동으로 색이 채워집니다. ❸ 여기서 앞서 배운 [채우기 계속]을 터치하여 나머지 빈 곳도 색을 채웁니다.

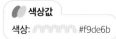

🎨 **색상값**
색상: ///////// #f9de6b

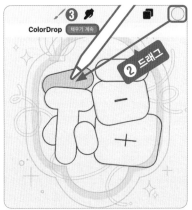
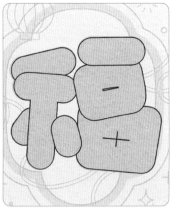

🌟 주의!

컬러드롭 기능을 실행했을 때와 마찬가지로 선이 끊어져 있는 부분이 있다면 원하지 않는 곳까지 색이 채워집니다. 이럴 때는 레퍼런스가 적용된 레이어를 터치하여 끊어진 선을 이어 그린 후 다시 채색할 레이어를 선택하고 마저 채색합니다.

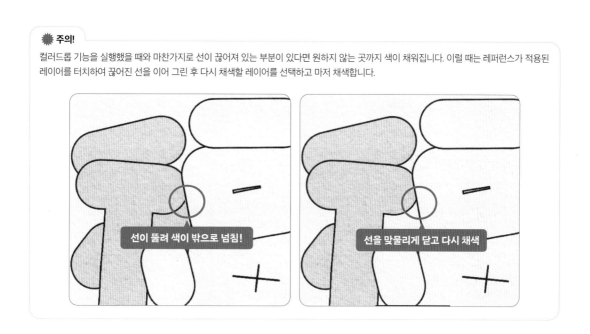

11 ❶ [레이어 🔲] 창을 열어 ❷ '글자1' 레이어를 두 번 터치하여 ❸ 체크되어 있는 [레퍼런스]를 다시 한 번 터치합니다. ❹ 이렇게 하면 레이어 밑에 있던 '레퍼런스' 메시지가 사라지며 해당 기능이 해제됩니다.

12 ❶ '글자1' 레이어를 왼쪽으로 스와이프하여 ❷ [복제]합니다. ❸ '글자 색' 레이어도 마찬가지로 복제합니다. ❹ 복제한 레이어들의 이름을 각각 '글자 입체'와 ❺ '입체 색'으로 변경합니다. ❻ '글자 입체' 레이어를 선택하고 '입체 색' 레이어 위로 이동시킵니다.

🌸 **주의!**

실습을 할수록 레이어 수가 점점 늘어나므로 반드시 실습 중간중간 설명되는 레이어 생성과 배치를 빠트리지 말고 따라 해주세요! 설명과 다르게 레이어를 배치하거나 생성을 빠트린 경우 완성작과 달라질 수 있습니다.

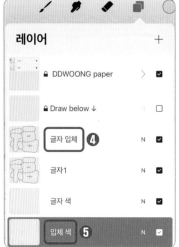

13 ❶ '글자 입체' 레이어를 선택한 채로 '입체 색' 레이어를 오른쪽으로 재빠르게 스와이프하여 다중 선택을 해줍니다. ❷ [변형 ✦]을 터치하고 ❸ [균등] 탭을 선택해 ❹ 다중 선택한 레이어의 이미지들을 오른쪽 아래로 조금 옮겨 입체적인 느낌을 표현합니다.

14 ❶ [레이어 ▣]를 열어 ❷ '입체 색' 레이어를 선택하고 ❸ [색상 ●]을 드래그해 흰색으로 채웁니다. ❹ 이때도 선이 끊겨서 색이 칠해지지 않은 부분은 없는지 꼼꼼히 확인하며 색을 채워주도록 합니다.

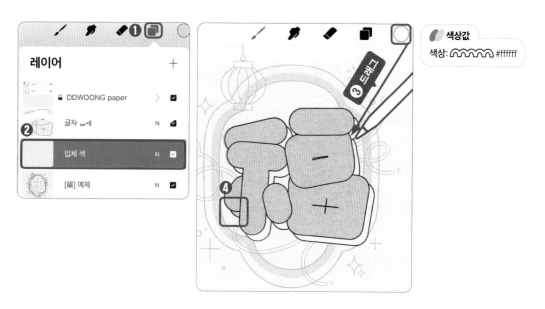

15 ❶ [레이어 ▣]를 열어 ❷ ⊕를 터치해 새 레이어를 만든 후 레이어 이름을 '하이라이트'로 변경합니다. ❸ 이 레이어를 '글자1' 레이어 위로 이동시킨 후 ❹ 해당 레이어에 글자의 반짝이는 하이라이트를 그립니다.

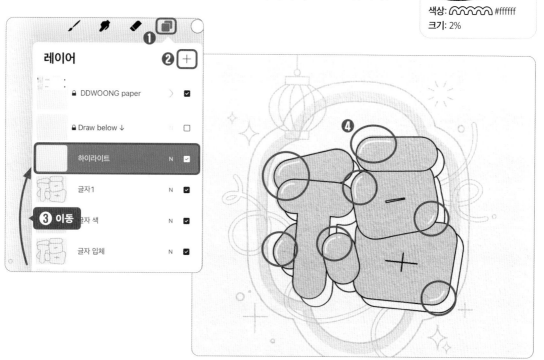

배경 그리기 - 그리기 가이드 기능 활용하기

16 ❶ [레이어 📑]를 열고 ❷ ➕를 터치해 새 레이어를 만든 후 레이어 이름을 '배경 파랑'으로 변경합니다. ❸ 해당 레이어를 '입체 색' 레이어 아래로 이동시킵니다. ❹ [동작 🔧]을 터치하여 ❺ [캔버스]를 선택한 후 ❻ [그리기 가이드]를 활성화합니다. 캔버스 가운데 대칭선이 생깁니다.

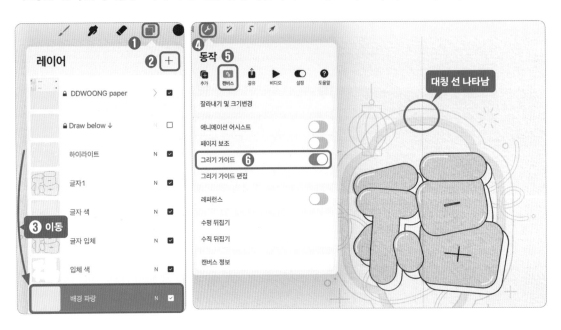

대칭선으로 변경하기

대칭선이 아니라 격자무늬가 생겼다면 ❶ [동작 🔧]을 터치하여 ❷ [캔버스]를 선택한 후 ❸ [그리기 가이드 편집]을 터치합니다. ❹ 하단의 [대칭]을 선택하여 가운데 대칭선 형식으로 변경하고 ❺ [완료]를 터치합니다.

17 ❶ [레이어 🖿]를 열어 ❷ '배경 파랑' 레이어를 한 번 더 터치하고 ❸ [그리기 도우미]를 선택해서 해당 레이어에만 '그리기 가이드' 기능을 적용합니다. ❹ 예제 레이어 그림을 따라 배경의 테두리를 그립니다.

✏ 브러시 설정
종류: [띠웅] 베이직
[띠웅] 베이직
색상: 〰〰〰 #3b3b3b
크기: 2%

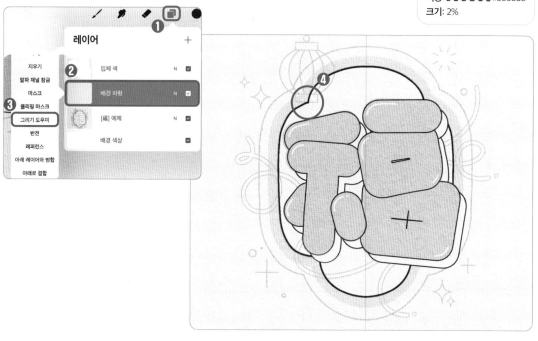

◆ 참고!

이때 밑그림이 이미 그려놓은 글자에 가려져 따라 그리기 어렵다면 '글자 색'과 '입체 색' 레이어의 체크를 해제(☑→☐)하여 잠시 안 보이게 한 후 따라 그려보세요.

18 파란색을 선택하고 [색상 ●]을 드래그해 배경색을 채웁니다.

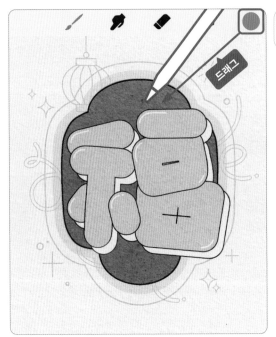

🎨 색상값

색상: 〰〰〰 #5d91dd

19 ❶ [레이어 ▣] 창을 열어 ❷ ➕를 터치해 새 레이어를 만든 후 레이어 이름을 '배경 빨강'으로 변경합니다. ❸ 새로 만든 레이어를 '배경 파랑' 레이어 아래로 이동시킵니다. ❹ 이동한 '배경 빨강' 레이어를 한 번 더 터치해서 ❺ 팝업 메뉴의 [그리기 도우미]를 선택해 활성화합니다. ❻ 바탕의 예제 그림을 따라 배경의 빨간 테두리를 그립니다.

🖌 브러시 설정

종류: [띠웅] 베이직

[띠웅] 베이직

색상: 〰〰〰 #e26f5d
크기: 18%

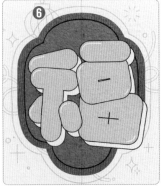

20 ❶ [레이어 ]를 열어 ❷ ➕를 터치해 새 레이어를 만들고, 레이어 이름을 '**도트 테두리**'로 변경합니다. ❸ '**도트 테두리**' 레이어를 한 번 더 터치해서 ❹ [그리기 도우미]를 선택해 활성화합니다. ❺ 앞서 만들었던 도트 선 브러시를 선택해 빨간 테두리를 따라 장식용 선을 그립니다(도트 선 브러시 만들기 참고: 41쪽).

🖊 **브러시 설정**

종류: [서예]-도트 선

도트 선

· · · · · · · · · · · · · · · ·

색상: 〰〰〰 #ffffff
크기: 17%

 띠웅 **Kick 킥!**

브러시 카테고리 이동하기

만들었던 도트 선 브러시만 다른 메뉴 탭에 있으니 실습을 할 때 브러시 선택이 번거롭지 않으신가요? 그렇다면 실습용 탭으로 옮겨보도록 합시다. 손이 잘 가는 브러시를 한데 모아두면 조금 더 편리하게 사용할 수 있습니다.

❶ [브러시 🖌]를 열어 ❷ [서예] 탭을 터치합니다. ❸ 애플펜슬로 도트 선 브러시를 선택&터치한 채로 ❹ 다른 손으로 [실습용] 탭을 터치합니다. ❺ 터치한 채로 있던 도트 선 브러시 섬네일 위에 초록색 ➕ 버튼이 생기면 애플펜슬을 뗍니다. ❻ 도트 선 브러시가 실습용 탭으로 옮겨졌습니다.

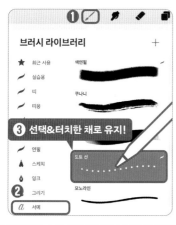

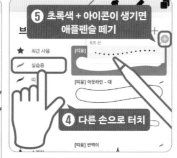

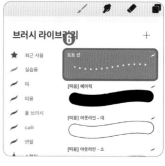

21 ❶ [레이어 📑] 창을 열어 ❷ ➕를 터치해 새 레이어를 만든 후 레이어 이름을 '배경 테두리'로 변경합니다. ❸ 새 레이어를 '배경 빨강' 레이어 아래로 이동시킵니다. ❹ '배경 테두리' 레이어를 한 번 더 터치하여 ❹ [그리기 도우미]를 선택합니다. ❺ 예제를 따라 배경의 테두리를 그립니다.

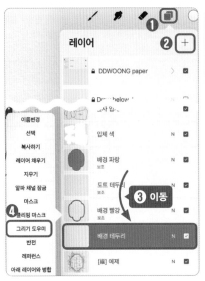

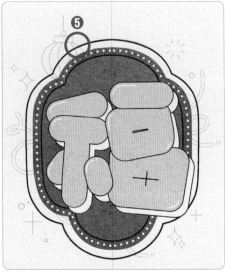

22 배경을 다 그리고 나니 예제 밑그림이 가려져 잘 보이지 않습니다. ❶ [레이어 📑] 창을 열어 ❷ 예제 밑그림인 '[福] 예제' 레이어를 '하이라이트' 레이어 위로 옮깁니다. ❸ 이어서 ➕를 터치해 새 레이어를 만들고, 레이어 이름을 '등불'로 변경합니다. ❹ 이 '등불' 레이어에도 [그리기 도우미] 기능을 활성화합니다.

23 ❶ [동작 ✦]을 터치하여 ❷ [캔버스]를 선택한 후 ❸ [그리기 가이드 편집]을 선택합니다. ❹ 화면에 파란 점⦿이 뜨면 해당 점을 드래그하여 예제 밑그림의 등불 가운데로 옮깁니다. ❺ [완료]를 터치합니다.

❗ **기억해요!**

캔버스에서 확대·축소한 것과 같이 그리기 가이드 설정 화면에서 두 손가락을 터치한 채 벌리거나 오므리면 보이는 이미지를 확대·축소할 수 있습니다.

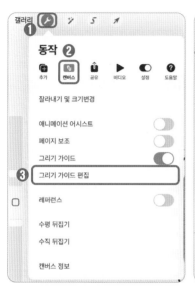

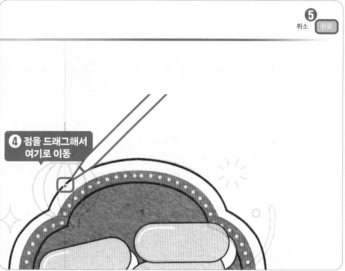

24 ❶ 등불 그림 위아래의 네모 부분을 먼저 그려준 후 ❷ 둥그런 등갓 부분을 그립니다. ❸ 마지막으로 남은 줄과 장식을 그리고, ❹ [색상 ●]을 드래그해 노란색과 하얀색이 교차하도록 등불의 색을 칠합니다. 위아래의 네모 부분도 하얀색으로 칠하는 것을 잊지 마세요.

✏ **브러시 설정**

종류: [띠옹] 베이직

[띠옹] 베이직

색상: #3b3b3b

#f9de6b

#ffffff

크기: 2%

💥 **주의!**

색이 등불에만 칠해지지 않고 배경 전체를 뒤덮는다면 다음 두 가지를 확인해 봅니다.

1. 등불 외곽선에 끊긴 부분이 있는지 확인합니다.
2. 119쪽 11번 지문의 설명을 따라 [레퍼런스] 기능을 꺼주었는지 확인합니다.

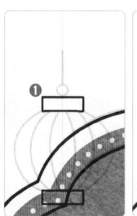

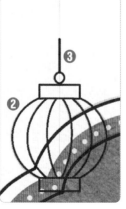

25 ❶ [레이어 ▣] 창을 열어 ❷ ➕를 터치해 새 레이어를 만든 후 레이어 이름을 '꾸밈 반짝이'로 변경합니다. 이 레이어를 ❸ '배경 파랑' 레이어 위에 오도록 이동시킵니다. ❹ '꾸밈 반짝이' 레이어에도 [그리기 도우미]를 선택해 활성화합니다. ❺ [동작 🔧]을 터치하여 ❻ [캔버스]를 선택한 후 ❼ [그리기 가이드 편집]을 터치합니다.

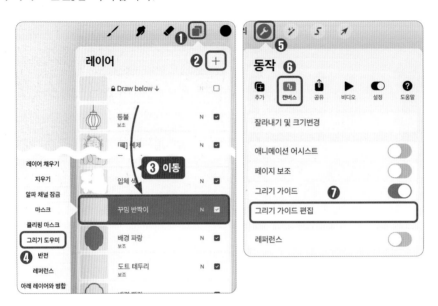

26 ❶ 하단의 [옵션]을 터치하고 ❷ [방사상]으로 바꿔주면 캔버스의 대칭선이 방사 형태의 선으로 변경됩니다. ❸ 파란 점 ◉을 드래그하여 오른쪽 위에 있는 반짝이의 가운데로 옮깁니다. ❹ [완료]를 터치합니다.

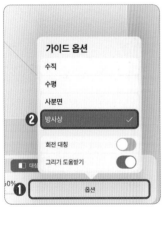

27 예제를 따라 선을 그리면 방사 형태의 강조선이 한번에 그려집니다.

브러시 설정

종류: [띠옹] 베이직

색상: #3b3b3b

크기: 2%

28 ❶ [동작 ⚡]을 터치하여 ❷ [캔버스]를 선택한 후 ❸ [그리기 가이드]를 비활성화합니다. ❹ 마찬가지로 [레이어 ▣]를 열어 ❺ '꾸밈 반짝이' 레이어의 [그리기 도우미]를 눌러 기능을 해제합니다.

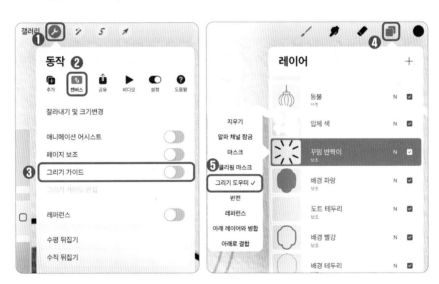

29 ❶ [브러시✏]를 선택하고 제공된 실습용 브러시 중 '[띠웅] 반짝이' 브러시를 선택하고 밑그림대로 반짝이를 찍어줍니다. ❷ 이어서 상단의 [선택⑤]을 터치하고, 캔버스 하단에 뜬 메뉴에서 ❸ [올가미]를 선택합니다. ❹ 작은 반짝이 부분만 선택합니다. 올가미로 작은 반짝이를 선택한 채로 상단의 ❺ [변형➚]을 터치합니다. ❻ 드래그하여 예제 밑그림의 다른 반짝이 위치로 이동시킵니다.

브러시 설정
종류: [띠웅] 반짝이
[띠웅] 반짝이
색상: #3b3b3b
크기: 3%

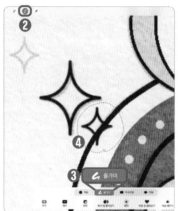
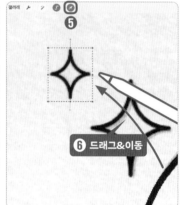

[선택⑤] 도구로 작은 이미지를 이동할 때 자꾸 크기 조정만 되고 이동이 잘되지 않을 경우에는 선택된 오브젝트 점선 박스 외곽을 터치한 채 드래그하면 위치를 보다 쉽게 움직일 수 있습니다.

30 ❶ 다시 [브러시✏]를 선택하고 ❷ 오른쪽 아래에도 반짝이를 찍어줍니다.

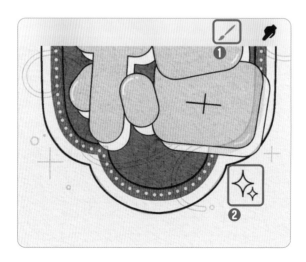

31 나머지 꾸밈 요소들도 예제를 따라 그립니다.

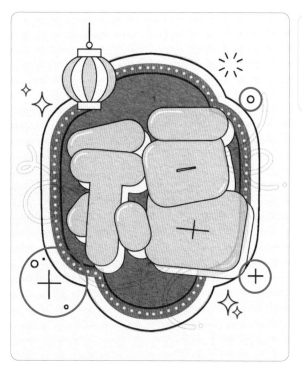

🖌 **브러시 설정**
종류: [띠웅] 베이직
[띠웅] 베이직
색상: ∿∿∿ #3b3b3b
크기: 2%

32 ❶ [레이어 ▣]를 열어 ❷ ➕를 터치해 새 레이어를 만들고 레이어 이름을 '꾸밈 선'으로 변경합니다. ❸ 자, 이제 예제 밑그림을 따라 저 띠웅만의 시그니처라고 할 수 있는 꾸밈 선을 함께 그려봅시다.

🖌 **브러시 설정**
종류: [띠웅] 아웃라인 - 소
[띠웅] 아웃라인 - 소
색상: ∿∿∿ #3b3b3b
크기: 5%

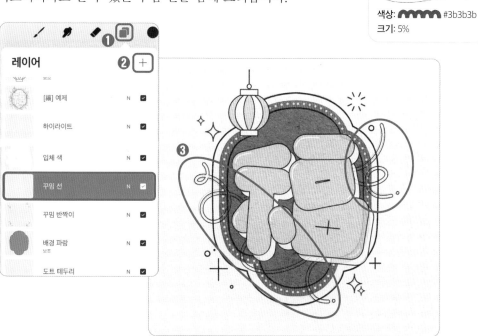

33 흰 색을 선택하고 [색상●]을 드래그해 꾸밈 선 안을 모두 칠합니다.

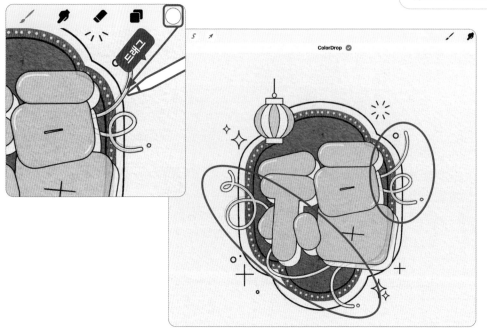

34 ❶ [레이어▣]를 열어 ❷ '[福] 예제' 레이어가 화면상에서 보이지 않도록 체크를 해제 (☑→▢)합니다.

35 새해를 기념할 수 있는 귀여운 타이포그래피 작품이 완성되었습니다.

아날로그 감성 가득한 '바람' 로고 그리기

👀✧ 실습 작품 미리 보기

이번에는 두 글자 단어를 실습해 보겠습니다. 조금 더 손글씨 느낌이 나도록 써보면서 레이어를 정리하고 합치는 과정에 익숙해져 봅시다. 이번 레슨에서는 그려놓은 영역 안에서만 그릴 수 있는 '알파 채널 잠금'과 '클리핑 마스크' 기능을 익히며 같은 듯 다른 두 기능의 차이점에 대해 좀 더 정확히 알아보겠습니다.

◇ **실습용 파일명:** [바람] 예제.procreate

◇ **사용한 팔레트명:** [바람] 팔레트.swatches

'띠옹'의 시연 영상

메인 글자 쓰기 - 알파 채널 잠금 활용하기

01 ❶ 갤러리 화면 오른쪽 상단의 가져오기를 터치한 후 ❷ 실습 파일을 저장해 둔 경로에서 '[바람] 예제.procreate' 파일을 가져옵니다. ❸ 파일이 다 불러와지면 [레이어 🖿]를 열어 ❹ '[바람] 예제' 레이어의 N 을 터치하고 ❺ [불투명도]를 '30%'로 조정합니다.

02 ❶ 다시 [레이어 🖿]에서 ❷ ➕를 터치해 새 레이어를 만든 후 레이어 이름을 '글씨'로 변경합니다. ❸ 예제를 따라 메인 글자를 써봅시다.

✏️ **브러시 설정**
종류: [띠옹] 베이직
[띠옹] 베이직
색상: #3b3b3b
크기: 15%

03 ❶ [지우개 ✐]를 터치해 ❷ 글자의 겹쳐진 부분들을 지워서 단조로운 글씨에 효과를 넣어줍니다.

04 ❶ [레이어 ▣]를 열고 ❷ '글씨' 레이어를 한 번 더 터치하여 세부 메뉴 팝업을 열고 ❸ [알파 채널 잠금]을 선택합니다. ❹ '글씨' 레이어의 섬네일 배경이 체크무늬로 변경된 것이 보입니다. ❺ 이제 도트 배경 브러시를 이용해 그려보면 글씨 영역에만 도트 무늬가 입혀집니다. 글씨 영역 전체를 지그재그로 쓸며 도트 무늬를 입힙니다.

> 🔆 **주의!**
> 배경(무늬) 브러시를 이용할 때 브러시를 한 번 뗐다가 다시 그리면 무늬가 겹쳐져서 고르게 깔리지 않습니다. 그러므로 배경 브러시를 이용할 때는 반드시 한 획에 그려주어야 합니다.

글자에 효과 넣기 - 클리핑 마스크 활용하기

05 ❶ [레이어 ▣]를 열고 ❷ ➕를 터치해 새 레이어를 만든 후 레이어 이름을 '효과'로 변경합니다.

06 ❶ '효과' 레이어를 한 번 더 터치하면 뜨는 팝업 메뉴에서 ❷ [클리핑 마스크]를 선택합니다. ❸ 레이어 왼쪽에 아래를 가리키는 화살표가 생긴 것을 확인할 수 있습니다. 이 기능을 사용하면 해당 레이어가 화살표가 가리키는 레이어에 속하게 된다는 의미입니다. 즉, '효과' 레이어에서 그림을 그리면 '글씨' 레이어의 글씨를 벗어나지 않습니다. ❹ '효과' 레이어의 N 을 터치하고 ❺ [불투명도]를 '40%'로 조정합니다. ❻ 이미지처럼 글자의 위아래에 흰색 효과선을 그립니다.

✏️ 브러시 설정
종류: [띠옹] 베이직
[띠옹] 베이직
색상: #ffffff
크기: 30%

07 ❶ [레이어 ]를 열고 ❷ ➕를 터치해 새 레이어를 만든 후 레이어 이름을 '효과2'로 변경합니다. ❸ '효과2' 레이어를 한 번 더 터치하고 ❹ 마찬가지로 [클리핑 마스크]를 선택합니다. ❺ 조금 전과 동일하게 레이어 왼쪽에 아래를 가리키는 화살표가 생겼습니다. ❻ '효과2' 레이어의 N을 터치하고 ❼ [불투명도]를 '40%'로 조정합니다.

08 이미지와 같이 글씨 가장 위에 흰색 효과선을 또 그립니다.

🖌 **브러시 설정**
종류: [띠웅] 베이직
[띠웅] 베이직
색상: 〰〰〰 #ffffff
크기: 30%

'알파 채널 잠금'과 '클리핑 마스크'의 차이점

'알파 채널 잠금'과 '클리핑 마스크' 모두 정해진 영역을 벗어나지 않게 채색할 수 있는 기능입니다. 둘 다 동일한 기능을 하지만 알파 채널 잠금은 **원본 레이어에다 바로 채색하는** 것이고, 클리핑 마스크는 채색할 **원본 레이어 위로 새 레이어를 생성해서 채색한다는** 차이가 있습니다.

알파 채널 잠금은 원본 레이어에 바로 그리기 때문에 보다 사용하기 편리하고, 레이어 수를 최소화할 수 있습니다. 하지만 원본 레이어에 바로 그리는 것이므로 수정이 쉽지 않다는 단점이 있습니다.

반면 클리핑 마스크는 원본 레이어 위에 새 레이어를 생성해 그리는 것이기 때문에 수정하기 쉽고, 여러 개의 레이어를 생성해 단계별로 채색할 수 있다는 장점이 있습니다. 하지만 레이어 개수가 많아진다는 단점 또한 있습니다.

저는 보통 간단하게 단순한 무늬를 추가할 때는 알파 채널 잠금을 사용하고, 계속해서 수정해야 할 부분이나 무언가를 추가해서 그릴 때는 클리핑 마스크를 활용합니다. 각 기능의 장단점과 작업 상황에 따라 자유롭게 사용해 보세요.

배경 그리기

09 ❶ [레이어 📑]를 열어 ❷ ➕를 터치해 새 레이어를 만들고 레이어 이름을 '원고지'로 변경합니다. ❸ 새로 만든 이 '원고지' 레이어를 '글씨' 레이어 아래로 이동시킵니다. ❹ 예제를 따라 직선을 그린 후 펜슬을 떼지 않은 채 다른 손으로 화면을 터치하여 ❺ 수평선을 만듭니다.

10 ❶ [레이어 📑]를 열어 ❷ '원고지' 레이어를 왼쪽으로 스와이프해 ❸ [복제]합니다. ❹ 이어서 [변형 ✎]을 터치하고 ❺ 복제한 레이어의 직선을 드래그하여 아래로 이동시킵니다. ❻ 이때 하단의 [스냅]을 눌러서 ❼ 활성화해야 그린 선의 수평이 유지된 채로 편리하게 옮길 수 있습니다.

11 ❶ [레이어 🔳] 창을 열어 ❷ 두 개의 '원고지' 레이어를 꼬집듯이 모아서 ❸ 하나의 레이어로 합칩니다. ❹ 하나가 된 '원고지' 레이어를 왼쪽으로 스와이프하여 ❺ 다시 [복제]합니다.

12 ❶ [변형 ✏️]을 터치하고 ❷ 복제한 레이어에 그려진 선을 드래그하여 아래로 이동시킵니다. ❸ 다시 [레이어 🔳]를 열어 ❹ 두 개의 '원고지' 레이어를 꼬집듯이 모아서 ❺ 또다시 하나의 레이어로 만듭니다.

13 ❶ 하나로 합친 레이어에 예제를 따라 세로선 세 개를 추가로 그려 넣고 ❷ 원고지 느낌이 나도록 아래에 NO. 선도 그립니다.

14 ❶ [레이어 ▢]를 열어 ❷ ✚를 터치해 새 레이어를 만들고, 레이어 이름을 '꽃'으로 변경합니다. ❸ 예제를 따라 아래에 있는 꽃 세 송이를 그립니다. 꼭 똑같이 그리지 않아도 괜찮으니 부담 가지지 말고 자유롭게 그려보세요.

✏️ **브러시 설정**
종류: [띠웅] 베이직
[띠웅] 베이직
색상: 〰️ #3b3b3b
크기: 2%

15 ❶ 이어서 왼쪽 상단에도 꽃을 그려준 후 ❷ [색상 ●]을 드래그해 꽃잎 안에 색을 채웁니다.

🎨 **색상값**
색상: 〰️ #3b3b3b

16 ❶ [선택 ⑤]을 터치하고 ❷ [올가미]를 선택합니다. ❸ 올가미로 꽃 부분만 선택하고 ❹ 하단의 [복사 및 붙여넣기]를 선택합니다. ❺ 그런 다음 [레이어 ▣] 창을 열어보면 ❻ 올가미로 선택한 검은 꽃 그림이 '선택 영역에서'라는 이름의 레이어로 복사된 것이 보입니다.

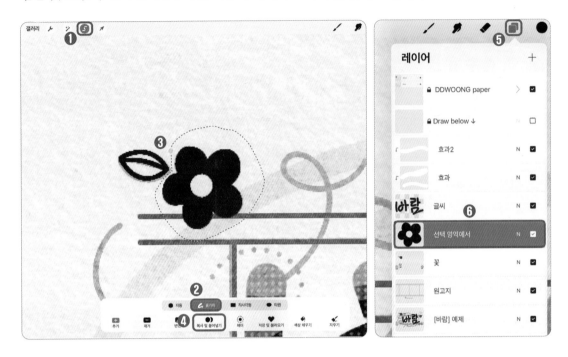

17 ❶ 상단의 [변형 ↗]을 터치하고 ❷ 복제된 레이어의 이미지를 드래그하여 오른쪽으로 옮긴 후 ❸ 초록 점 ◉ 을 돌려서 회전시킵니다. ❹ [레이어 ▣] 창을 열고 ❺ '선택 영역에서' 레이어와 '꽃' 레이어를 꼬집듯이 모아 하나의 레이어로 합칩니다.

18 ❶ [레이어 ] 창을 열어 ❷ ➕를 터치해 새 레이어를 만든 후 레이어 이름을 '**꾸밈 선**'으로 변경합니다. ❸ 예제를 따라 곡선을 그립니다.

19 ❶ [레이어 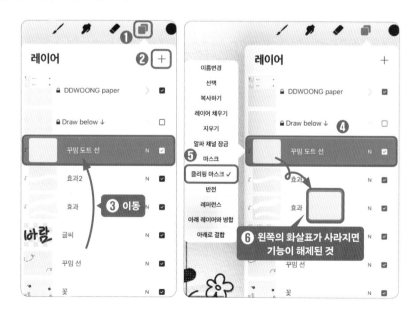]를 열어 ❷ ➕를 터치해 새 레이어를 만들고, 레이어 이름을 '**꾸밈 도트 선**'으로 변경합니다. ❸ 새로 만든 레이어를 '**효과2**' 레이어 위로 이동합니다. 이렇게 하면 아래의 레이어들 때문에 '**꾸밈 도트 선**' 레이어에도 자동으로 '클리핑 마스크' 기능이 설정되는데요. 이 레이어에서는 사용하지 않을 것이므로 해당 기능을 끄겠습니다. ❹ '**꾸밈 도트 선**' 레이어를 한 번 더 터치하면 뜨는 팝업 메뉴에서 ❺ [클리핑 마스크]를 터치해 체크를 해제한 후 ❻ 레이어 이름 왼쪽의 화살표가 없어진 것을 확인합니다.

20 이제 브러시를 이용해 예제를 따라 도트 곡선을 그려봅시다.

브러시 설정
종류: 도트 선
도트 선
색상: #3b3b3b
크기: 6%

21 ❶ [레이어 🗐] 창을 열고 ❷ '꾸밈 도트 선' 레이어를 한 번 더 터치하여 ❸ [알파 채널 잠금]을 선택합니다. ❹ 글씨와 겹쳐진 도트 선 부분을 흰색으로 칠합니다.

브러시 설정
종류: [띠웅] 베이직
[띠웅] 베이직
색상: #ffffff
크기: 7%

22 ❶ [레이어 🔲]를 열고 ❷ ➕를 터치해 새 레이어를 만든 후 레이어 이름을 '배경'으로 변경합니다. ❸ 새로 만든 레이어를 '원고지' 레이어 아래로 이동한 후 ❹ 예제 배경의 회색 선을 따라 그립니다. ❺ 다시 [레이어 🔲] 창을 열어 ❻ '배경' 레이어의 N을 터치하고 ❼ [불투명도]를 '8%'로 조정합니다.

🖊 브러시 설정
종류: [띠옹] 베이직
[띠옹] 베이직
색상: 〰〰〰 #3b3b3b
크기: 10%

23 ❶ ➕를 터치해 새 레이어를 만들고 레이어 이름을 '서명'으로 변경합니다. ❷ 해당 레이어를 '원고지' 레이어 위로 이동한 후 ❸ NO. 칸에 본인만의 이름이나 별명을 적어 넣어봅시다.

🖊 브러시 설정
종류: [띠옹] 베이직
[띠옹] 베이직
색상: 〰〰〰 #3b3b3b
크기: 2%

24 ❶ [레이어 ]를 열어 ❷ '[바람] 예제' 레이어를 화면에서 보이지 않도록 체크를 해제(☑→☐)합니다.

25 원고지에 그린 느낌의 '바람' 타이포그래피가 완성되었습니다.

시원한 여름 느낌의 'POOL' 로고 그리기

이번에는 네 글자 단어를 실습해 보겠습니다. 챕터 3에서 아이스커피를 그릴 때 가우시안 효과를 사용했던 것 기억하시나요? '조정' 메뉴에서 가장 많이 사용하는 효과 중 하나입니다. 이번 레슨에서는 실습을 통해 '조정'에 있는 여러 기능 중 픽셀 유동화와 빛산란 효과를 익혀보겠습니다.

◈ 실습용 파일명: [POOL] 예제.procreate

◈ 사용한 팔레트명: [POOL] 팔레트.swatches

'따웅'의 시연 영상

배경 그리기 - 픽셀 유동화 활용하기

01 ❶ 갤러리 화면에서 오른쪽 상단의 **[가져오기]**를 터치한 후 ❷ '**[POOL] 예제.procreate**' 파일을 가져옵니다. ❸ **[레이어]**를 열어 ❹ '**[POOL] 예제**' 레이어의 N을 터치하고 ❺ **[불투명도]**를 '**30%**'로 조정합니다. ❻ +를 터치해 새 레이어를 만든 후 레이어 이름을 '**배경1**'로 변경합니다.

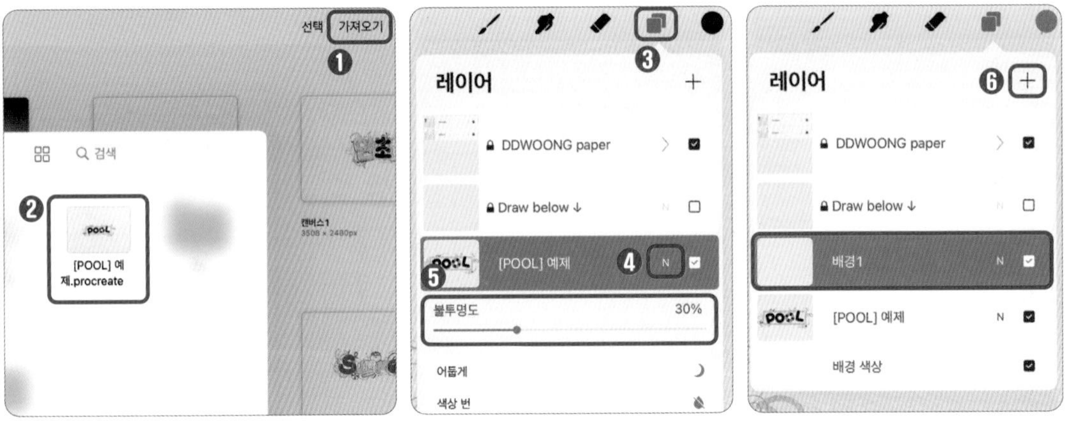

02 ❶ **[선택]**을 터치하고 ❷ 캔버스 하단에 뜬 메뉴에서 **[직사각형]**을 선택합니다. ❸ 예제의 가장 큰 직사각형을 따라 드래그하여 직사각형을 만듭니다. ❹ **[색상 ●]**을 드래그해 직사각형 안에 색을 채웁니다. ❺ **[선택]**을 한 번 더 눌러서 기능을 끕니다.

색상값
색상: #898989

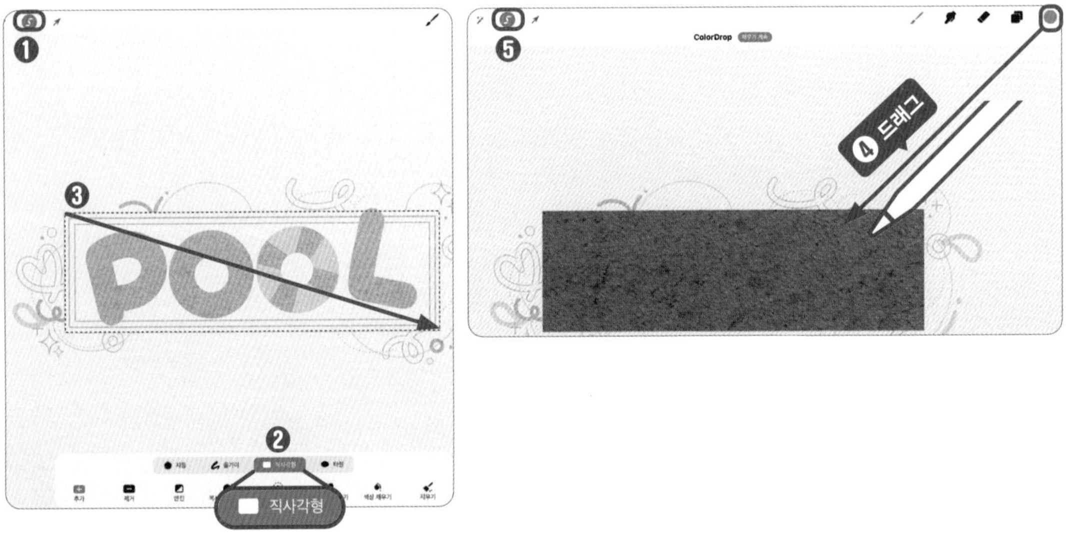

03 ❶ [레이어 🗐] 창을 열어 ❷ '배경1' 레이어의 N 을 터치하고 ❸ [불투명도]를 '40%'로 조정합니다. ❹ 이어서 다시 ＋를 터치해 새 레이어를 만들고 레이어 이름을 '배경2'로 변경합니다.

04 ❶ 다시 [선택 ⑤]을 터치하고 ❷ 예제의 두 번째 직사각형을 따라 드래그하여 직사각형을 만듭니다. ❸ [색상 ●]을 드래그해 직사각형 안에 색을 채웁니다. ❹ [선택 ⑤]을 한 번 더 눌러서 기능을 끕니다.

색상값
색상: 〰〰〰 #ffffff

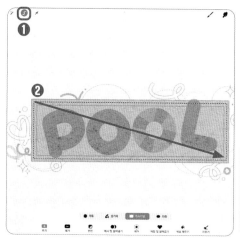
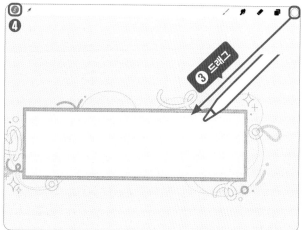

05 ❶ [레이어 🗐] 창을 열어 ❷ '배경2' 레이어의 N 을 터치하고 ❸ 마찬가지로 [불투명도]를 '40%'로 조정합니다. ❹ ＋를 터치해 새 레이어를 만들고 레이어 이름을 '배경3'으로 변경합니다.

06 ❶ [선택⌒]을 터치하고 ❷ 예제의 가장 안쪽 직사각형을 따라 드래그하여 직사각형을 만듭니다. ❸ 다시 [색상●]을 드래그해 직사각형 안에 색을 채웁니다. ❹ [선택⌒]을 한 번 더 눌러서 기능을 끕니다.

색상값
색상: 〰〰〰 #a2e7fa

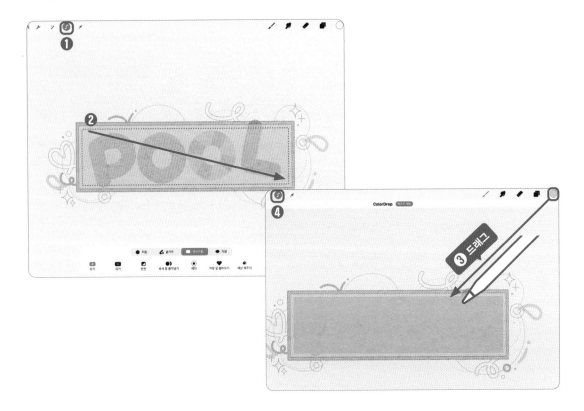

07 ❶ [레이어▣]를 열어 ❷ '배경2' 레이어의 N을 터치하고 ❸ 예제 밑그림을 보기 위해 잠시 낮추었던 [불투명도]를 '최대(100%)'로 조정합니다. ❹ 마찬가지로 '배경1' 레이어도 N을 터치하여 ❺ [불투명도]를 '최대(100%)'로 조정합니다.

08 ① +를 터치해 새 레이어를 만든 후 레이어 이름을 '수영장 바닥'으로 변경하고 '배경3' 레이어 위로 이동시킵니다. ② [브러시 ✎]를 열어 ③ [텍스처] 탭을 터치합니다. ④ '격자' 브러시를 선택한 후 ⑤ '배경3' 레이어의 사각형 부분에 맞춰 수영장 바닥 타일 역할을 해줄 무늬를 그립니다.

✎ 브러시 설정
종류: [텍스처]-격자
색상: 〰〰〰 #ffffff
크기: 70%

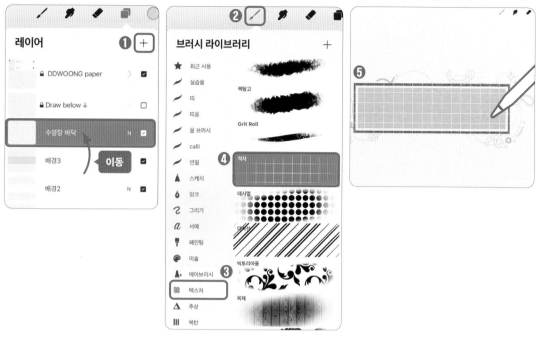

09 ① 다시 [레이어 ▣]를 열어 ② '수영장 바닥' 레이어를 한 번 더 터치한 후 ③ [클리핑 마스크]를 선택합니다. ④ 이제 클리핑 마스크가 적용되어 '수영장 바닥' 레이어가 '배경3' 레이어에 속하게 됩니다.

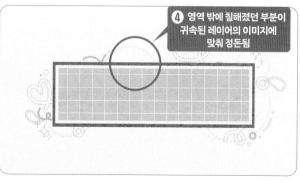

④ 영역 밖에 칠해졌던 부분이 귀속된 레이어의 이미지에 맞춰 정돈됨

10 ❶ [조정 🖊]에 들어가 ❷ [픽셀 유동화]를 선택합니다. 초기 설정으로 [밀기]가 선택되어 있을 것입니다. ❸ 그 밑의 [크기] 게이지를 '40%'로 조정하고 ❹ '수영장 바닥' 레이어에 그렸던 타일 무늬 위에서 선을 그어보면 그에 맞게 무늬가 일그러지는 것을 볼 수 있습니다. ❺ 다음 이미지와 같이 무늬를 밀어서 물이 채워진 수영장 바닥의 일렁이는 느낌을 연출합니다.

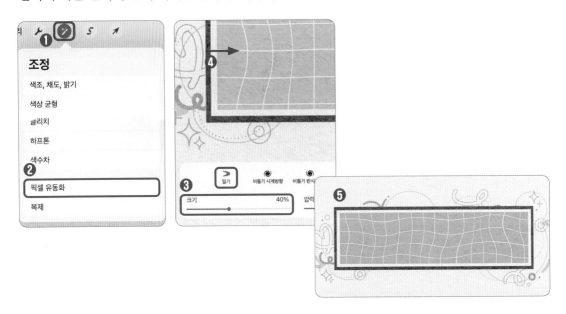

11 ❶ [레이어 🗖] 창을 열어 ❷ '[POOL] 예제' 레이어를 선택하고, '수영장 바닥' 레이어 위로 이동시킵니다. ❸ '[POOL] 예제' 레이어를 한 번 더 터치하고 ❹ [클리핑 마스크]를 선택해 레이어를 이동하면서 자동 적용된 클리핑 마스크 설정을 해제합니다.

메인 글자 쓰기

12 ❶ +를 터치해 새 레이어를 만든 후 레이어 이름을 '글씨'로 변경합 니다. ❷ 우측 브러시 설정의 붉은 색상을 선택하고 예제대로 'POOL' 글 자를 따라 씁니다. ❸ 흰색을 선택하고 [색상 ●]을 드래그해 'O' 안에 색 을 채웁니다.

🖌 브러시 설정
종류: [띠웅] 베이직
[띠웅] 베이직
색상: 〰〰〰 #ed7063
      〰〰〰 #ffffff
크기: 37%

13 ❶ [레이어 ▣]를 열어 ❷ 선택되어 있는 '글씨' 레이어를 터치한 후 ❸ [알파 채널 잠금]을 선택해 글자 영역 내에서만 그릴 수 있게 합니다. ❹ '글씨' 레이어의 N 을 터치하고 ❺ [불투명도]를 '60%'로 조정합니다. ❻ 세 번째 'O'에 예제처럼 튜브 무늬를 그립니다.

🖌 브러시 설정
종류: [띠웅] 베이직
[띠웅] 베이직
색상: 〰〰〰 #ed7063
크기: 10%

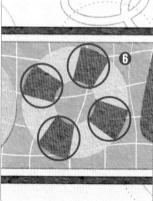

14 ❶ [레이어 ] 창을 열어 ❷ '글씨' 레이어의 N을 터치하고 ❸ [불투명도]를 다시 '최대(100%)'로 조정합니다. ❹ ➕를 터치해 새 레이어를 만들고 레이어 이름을 '튜브'로 변경한 후 ❺ '글씨' 레이어 아래로 이동시킵니다. ❻ 예제와 같이 튜브 바깥에 원형의 테두리 선을 그립니다.

🖌 **브러시 설정**

종류: [띠옹] 베이직

[띠옹] 베이직

색상: #ed7063
크기: 2%

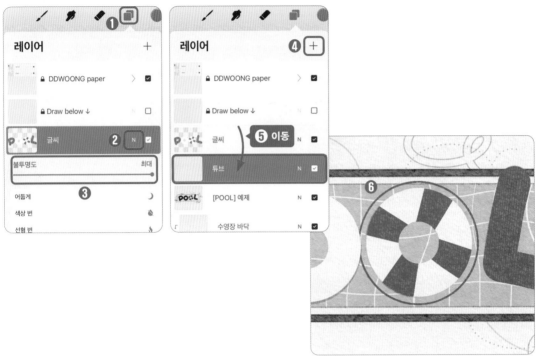

15 ❶ [조정 🎛]에 들어가 ❷ [픽셀 유동화]를 선택합니다. ❸ 하단의 [크기]를 '20%'로 조정하고 ❹ 그렸던 원 테두리를 안팎으로 움직여 테두리 선이 흐물거리는 느낌을 연출합니다.

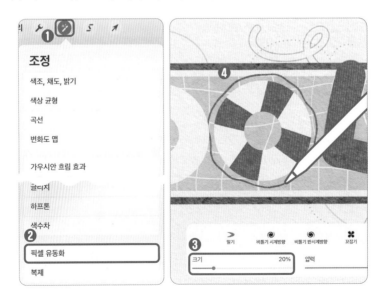

16 ❶ [레이어 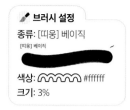]를 열어 ❷ +를 터치해 새 레이어를 만들고, 레이어 이름을 '하이라이트'로 변경합니다. ❸ 이 레이어가 '글씨' 레이어 위에 오도록 이동시킵니다. ❹ 글자 가장자리에 반짝이는 하이라이트를 그립니다.

🖌 **브러시 설정**
종류: [띠웅] 베이직
[띠웅] 베이직
색상: 〰〰〰 #ffffff
크기: 3%

17 ❶ [레이어 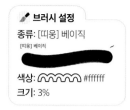]를 열어 ❷ +를 터치해 새 레이어를 만든 후 레이어 이름을 '글씨 테두리'로 변경합니다. ❸ 글자 외곽을 따라 군데군데 검정 테두리 선을 그립니다. ❹ 두 번째 'O'에는 빛나는 느낌이 나도록 하이라이트도 그립니다.

🖌 **브러시 설정**
종류: [띠웅] 베이직
[띠웅] 베이직
색상: 〰〰〰 #3b3b3b
크기: 1%

18 ❶ [레이어 🔳]를 열고 ❷ ➕를 터치해 새 레이어를 만든 후 레이어 이름을 '그림자'로 변경합니다. ❸ 새로 만든 '그림자' 레이어를 '수영장 바닥' 레이어 위로 이동시킵니다. ❹ 레이어 섬네일 왼쪽에 화살표가 생기며 자동으로 [클리핑 마스크]가 적용됩니다. ❺ '그림자' 레이어의 N을 터치하고 ❻ [불투명도]를 '25%'로 조정합니다.

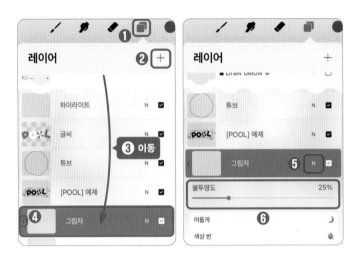

19 수영장에 글자가 떠 있는 느낌을 표현하기 위해 그림자를 그립니다. ❶ 다음 이미지를 따라 글자의 그림자를 그려 넣어봅시다. ❷ 브러시 크기를 변경하여 군데군데 추가 그림자 효과도 그립니다.

🖌 **브러시 설정**
종류: [띠웅] 베이직
[띠웅] 베이직
색상: ∿∿∿ #257287
크기: 20%, 5%

20 ❶ [레이어 ]를 열어 ❷ ➕를 터치해 새 레이어를 만든 후 레이어 이름을 '**하이라이트2**'로 변경합니다. ❸ 새로 만든 '**하이라이트2**' 레이어를 '**글씨 테두리**' 레이어 아래로 옮긴 뒤 ❹ 글씨 주변에 반짝이는 물방울 효과를 그립니다.

🖌 브러시 설정

종류: [띠웅] 아웃라인 - 소
[띠웅] 아웃라인 - 소
색상: 〰〰 #ffffff
크기: 10%

종류: [띠웅] 베이직
[띠웅] 베이직
색상: 〰〰 #ffffff
크기: 5%

배경 꾸미기 - 빛산란 효과 활용하기

21 ❶ [레이어]를 열어 ❷ ➕를 터치해 새 레이어를 만든 후 레이어 이름을 '**꾸밈 선**'으로 변경합니다. ❸ 이 레이어를 '**배경1**' 레이어 아래로 이동시킵니다. ❹ 예제를 따라 아웃라인 브러시로 꾸밈 선들을 그립니다.

🖌 브러시 설정

종류: [띠웅] 아웃라인 - 소
[띠웅] 아웃라인 - 소
색상: 〰〰 #3b3b3b
크기: 8%

22 ❶ [레이어 ]를 열어 ❷ ➕를 터치해 새 레이어를 만든 후 레이어 이름을 '꾸밈 선2'로 변경합니다. ❸ 예제를 따라 베이직 브러시로 꾸밈 선들을 그립니다.

23 ❶ 이번에는 반짝이 브러시로 반짝이는 효과를 그려 넣습니다. ❷ 브러시로 반짝이 문양을 찍은 후 [지우개 ✎]를 터치해 ❸ 오른쪽 위에 그린 반짝이 중 작은 반짝이는 지웁니다.

24 ❶ 지운 자리에 십자 모양을 그려 넣습니다. ❷ 왼쪽 아래에 그렸던 반짝이 근처에도 십자를 그립니다.

25 ❶ [레이어 ]를 열어 ❷ ➕를 터치해 새 레이어를 만든 후 레이어 이름을 '꾸밈 도트 선'으로 변경합니다. ❸ 해당 레이어에 예제를 따라 도트 곡선을 그려 배경을 꾸밉니다.

🖌 **브러시 설정**
종류: 도트 선
도트 선
색상: 〰〰〰 #3b3b3b
크기: 6%

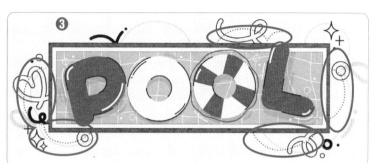

26 ❶ [레이어 ]를 열고 ❷ ➕를 터치해 새 레이어를 만든 후 레이어 이름을 '배경 물자국'으로 변경합니다. ❸ 이 레이어를 '꾸밈 선' 레이어 아래로 이동시킵니다. ❹ 예제를 따라 곡선을 그리고, ❺ 색을 채우기 위해 선을 그어 뚫린 부분을 막습니다. ❻ [색상 ●]을 드래그해 그린 선 안에다 색을 채웁니다.

🖌 **브러시 설정**
종류: [띠웅] 베이직
[띠웅] 베이직
색상: #e1f7fd
크기: 7%

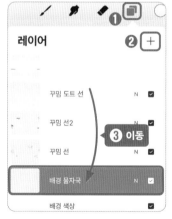

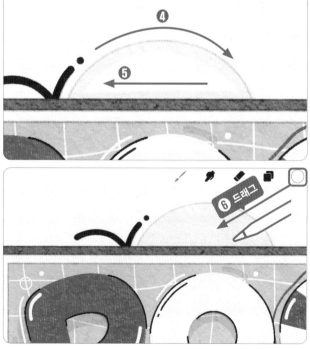

27 나머지 물자국과 선 부분도 예제를 따라 그려 넣습니다.

28 ❶ [레이어 🗗]를 열고 ❷ ➕를 터치해 새 레이어를 만들고 레이어 이름을 '**하트**'로 변경합니다. ❸ 이 레이어를 '**글씨 테두리**' 레이어 위로 이동시킵니다. ❹ 글씨 주변에 하트를 그립니다. 원한다면 예제보다 더 그려 넣어도 좋습니다.

🖌 **브러시 설정**
종류: [띠웅] 베이직
[띠웅] 베이직
색상: 〰〰〰 #ed7063
크기: 20%

29 ❶ [조정 ✏️]에 들어가 ❷ [빛산란]을 선택합니다. ❸ 애플펜슬로 화면을 왼쪽에서 오른쪽으로 드래그해서 ❹ 빛산란 효과를 '100%'로 만듭니다. ❺ 왼쪽부터 차례로 각 게이지 바를 [전환효과]는 '없음(0%)'으로, ❻ [크기]는 '20%'로, ❼ [번]은 '60%'로 조정합니다. 꼭 책에 적힌 수치대로 할 필요 없이, 각 게이지를 직접 조정하며 내가 원하는 느낌대로 해도 좋습니다.

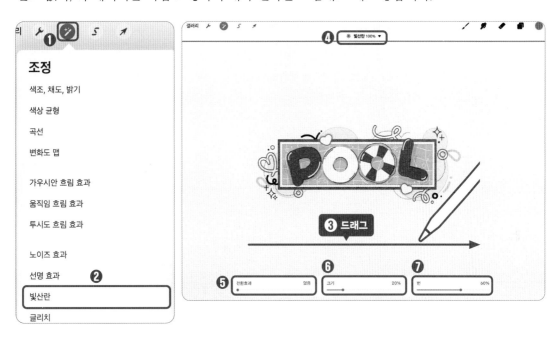

30 다시 [브러시 ✏️]를 터치하고 하트 주변에 점을 찍어 장식을 마무리합니다.

🖌️ **브러시 설정**
종류: [띠웅] 베이직
색상: 〰〰〰 #ed7063
크기: 10%

31 ❶ [레이어 ] 창을 열어 ❷ '[POOL] 예제' 레이어가 화면에서 보이지 않도록 체크를 해제
(☑→☐)합니다.

💥 주의!

제 작품은 예제와 다른 것 같아요!

예제와 동일한 완성작이 되지 않고 일부 선이나 그림 등이 가려져 보일 때는 레이어 이동
이나 생성을 할 때 놓친 부분이 없는지 확인해 봅시다. 레이어 순서가 책의 이미지와 다르
다면 예제와 같은 모습이 되도록 레이어 순서를 적절히 이동시켜 봅니다.
레이어를 이동할 때는 다른 레이어에 적용되어 있는 레이어 설정이나 효과가 이동된 레
이어에도 적용되지 않도록 주의합니다.

32 시원한 수영장에 떠 있는 느낌의 'POOL' 타이포그래피 디자인이 완성되었습니다.

CHAPTER
5

실전

타이포그래피

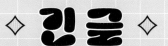
도전하기

◇ 긴 글 ◇

LESSON 01

복고풍의 귀여운 '이발소' 간판 그리기

실습 작품 미리 보기

지난 챕터에서는 제가 프로크리에이트에서 타이포그래피를 할 때 주로 많이 쓰는 기능들을 위주로 실습을 구성했습니다. 이번 레슨에서는 앞서 배웠던 기능들을 더욱 다양하게 활용하며 손에 완전히 익혀보는 시간을 갖겠습니다.

◇ **실습용 파일명:** [띠웅 이발] 예제.procreate

◇ **사용한 팔레트명:** [띠웅 이발] 팔레트.swatches

'띠웅'의 시연 영상

메인 글자 쓰기

01 ❶ [가져오기]를 터치한 후 ❷ '[띠웅 이발] 예제.procreate' 파일을 가져옵니다. ❸ [레이어 🗐] 를 열어 ❹ '[띠웅 이발] 예제' 레이어의 N을 터치하고 ❺ [불투명도]를 '30%'로 조정합니다.

02 ❶ ⊞를 터치해 새 레이어를 만든 후 레이어 이름을 '글씨'로 변경합니다. ❷ 예제를 따라 글자를 씁니다. 이때 '띠웅' 부분은 자신의 이름이나 닉네임으로 자유롭게 변경해도 좋습니다.

🖌️ **브러시 설정**
종류: [띠웅] 베이직
[띠웅] 베이직

색상: #50b1f5
#3b3b3b
크기: 14%

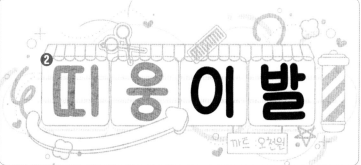

03 ❶ 다시 [레이어 ]를 열어 ❷ ➕를 터치해 새 레이어를 만들고, 레이어 이름을 '**하이라이트**'로 변경합니다. ❸ 글씨에 반짝이는 하이라이트를 그려 넣습니다.

🖌 **브러시 설정**
종류: [띠웅] 베이직
[띠웅] 베이직
색상: #ffffff
크기: 1%

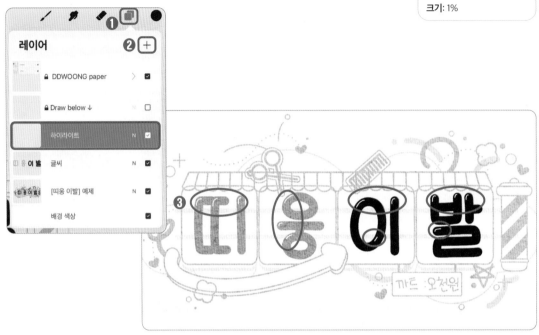

04 ❶ [레이어 ]를 열고 ❷ ➕를 터치해 새 레이어를 만든 후 레이어 이름을 '**간판**'으로 변경합니다. ❸ 예제를 따라 사각형을 그립니다. 이때 선을 수정하고 싶다면 펜슬을 2초 정도 떼지 않은 채로 유지했을 때 상단에 뜨는 ❹ [**편집**] 메시지 버튼을 터치합니다. ❺ 선 모서리에 생긴 파란 점◉을 원하는 만큼 드래그하며 세부 모양을 수정합니다.

🖌 **브러시 설정**
종류: [띠웅] 아웃라인 - 대
[띠웅] 아웃라인 - 대
색상: #3b3b3b
크기: 18%

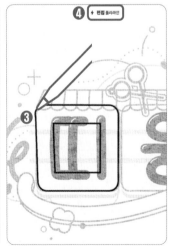

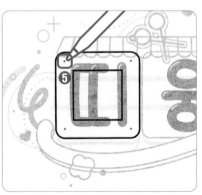

05 ❶ [지우개 ✎]를 터치해 ❷ 안쪽의 작은 사각형 선을 지웁니다. ❸ [레이어 ▣]를 열고 ❹ '간판' 레이어를 왼쪽으로 스와이프하여 ❺ [복제]합니다.

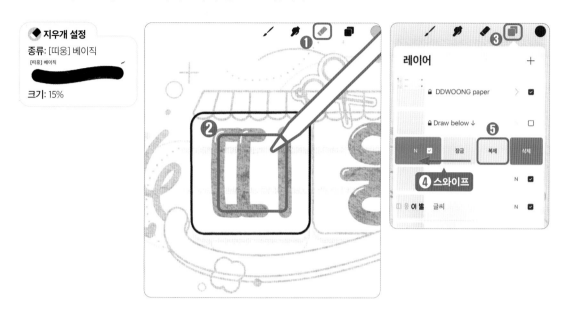

06 ❶ [변형 ✐]을 터치하고 ❷ [균등] 탭을 선택해 ❸ 복제한 레이어의 사각형을 드래그하여 옆글자 쪽으로 옮깁니다. ❹ 이때 하단의 [스냅] 탭의 ❺ [스냅] 기능을 활성화해야 일정한 위치로 쉽게 옮길 수 있습니다.

07 ❶ [레이어 ▣]를 열어 ❷ 두 개의 '간판' 레이어를 꼬집듯이 모아서 ❸ 하나의 레이어로 만들어줍니다. ❹ 합쳐진 '간판' 레이어를 왼쪽으로 스와이프하여 ❺ 한 번 더 [복제]합니다.

08 ❶ 복제된 레이어를 선택한 채로 [변형 ↗]을 터치하고 ❷ 복제한 레이어의 사각형을 드래그하여 나머지 글자들 쪽으로 이동시킵니다. ❸ 다시 [레이어 ▣]를 열어 ❹ 두 개의 '간판' 레이어를 꼬집듯이 모아서 ❺ 하나의 레이어로 만듭니다.

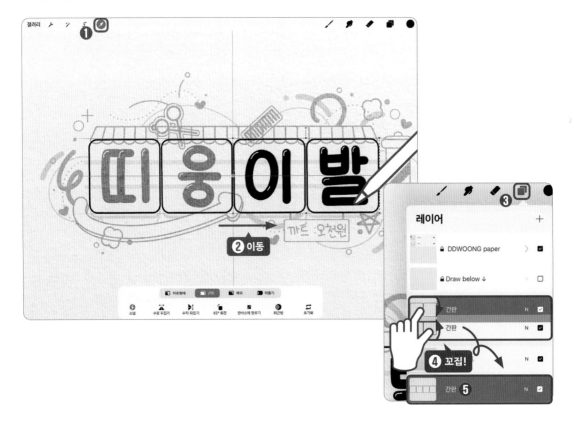

09 ❶ ➕를 터치해 새 레이어를 만들고, 레이어 이름을 '**간판 색**'으로 변경합니다. ❷ 새로 만든 레이어를 '**간판**' 레이어 아래로 이동시킵니다. ❸ '**간판**' 레이어를 두 번 터치하면 뜨는 팝업 메뉴에서 ❹ [**레퍼런스**]를 선택해 ❺ 활성화합니다. ❻ 설정이 끝났으면 다시 '**간판 색**' 레이어를 선택합니다.

10 ❶ [**색상⬤**]을 드래그해 네 개의 사각형 안을 모두 흰색으로 채웁니다. ❷ 다시 [**레이어🗐**]를 열어 ❸ '**간판**' 레이어를 오른쪽으로 살짝 스와이프하여 다중 선택합니다. ❹ 두 레이어가 선택된 채로 드래그하여 '**글씨**' 레이어 아래로 이동시킵니다.

색상값
색상: 〰〰〰 #ffffff

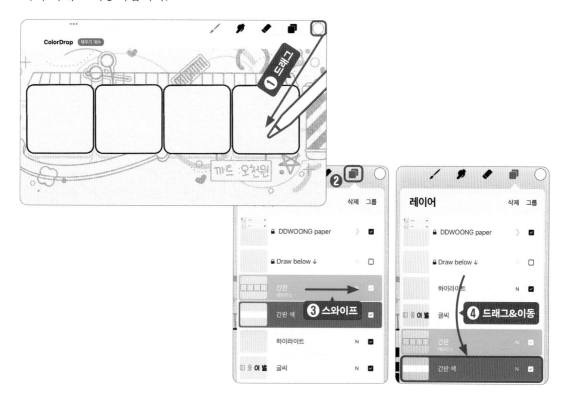

11 ① '간판' 레이어를 두 번 터치하고 ② 팝업 메뉴에서 다시 [레퍼런스]를 선택하여 레퍼런스 기능을 끕니다. ③ 다시 '간판 색' 레이어를 선택한 뒤 왼쪽으로 스와이프하여 ④ [복제]합니다. ⑤ 복제한 레이어의 이름을 '그림자'로 변경합니다.

12 ① [색상 ●]을 드래그해 네 개의 사각형 안에 모두 어두운 색을 채운 후 ② [레이어 ▣]를 열어 ③ 해당 레이어를 '간판 색' 레이어 아래로 이동시킵니다.

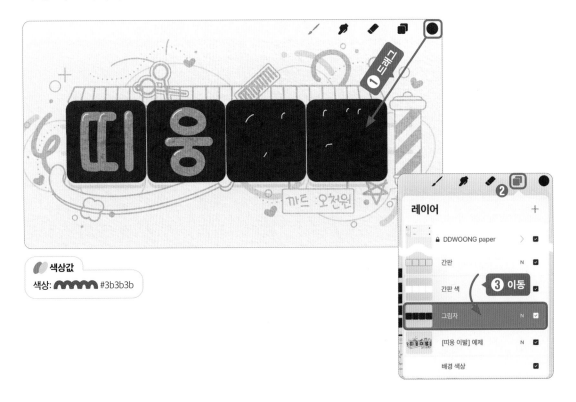

색상값
색상: 〰〰〰 #3b3b3b

13 ❶ '그림자' 레이어가 선택된 채로 [변형 ✈]을 터치해 ❷ 그림자 사각형을 아래로 이동시켜 그림자처럼 보이도록 만듭니다. ❸ 다시 [레이어 ▣]를 열어 ❹ '그림자' 레이어를 왼쪽으로 스와이프하여 ❺ [복제]합니다. ❻ 복제한 레이어의 이름을 '그림자2'로 변경합니다.

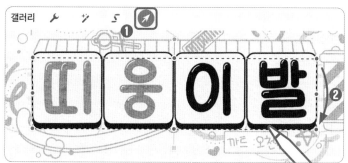

14 ❶ [색상 ●]을 드래그해 네 개의 사각형 안에 모두 색을 채웁니다. ❷ 이어서 [변형 ✈]을 터치하고 ❸ 흰색으로 채운 사각형들을 어두운 그림자의 중간 지점 정도에 위치하도록 살짝 위로 이동시킵니다.

15 ❶ [레이어 🗔]를 열어 ❷ '그림자' 레이어의 N을 터치하고 ❸ [불투명도]를 '30%'로 조정합니다. ❹ '[띠웅 이발] 예제' 레이어를 선택하고 '하이라이트' 레이어 위로 이동시킵니다. ❺ ➕를 터치해 새 레이어를 만들고, 레이어 이름을 '지붕'으로 변경합니다.

포인트 아이템 그리기 - 그리기 가이드, 가우시안 흐림 효과 활용하기

16 ❶ [동작 🖉]을 터치하여 ❷ [캔버스]를 선택한 후 ❸ [그리기 가이드]를 활성화합니다. ❹ 이어서 [그리기 가이드 편집]을 선택하고 ❺ 하단의 [대칭]을 선택하여 가이드 형식을 대칭선이 되도록 변경한 후 ❻ [완료]를 터치합니다.

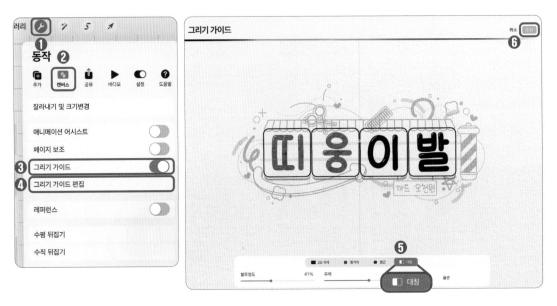

17 ❶ 예제를 따라 지붕의 가장 윗 부분인 긴 직선을 먼저 그리고 ❷ 아래로 선을 그어 칸을 그립니다. ❸ 칸 사이사이를 곡선으로 이어서 지붕을 완성합니다.

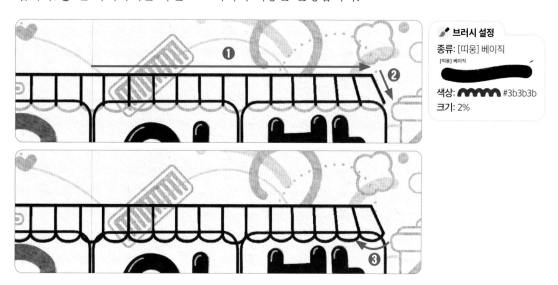

🖌 **브러시 설정**
종류: [띠옹] 베이직
[띠옹] 베이직
색상: #3b3b3b
크기: 2%

18 ❶ 색상값 중 붉은색을 선택하고 [색상 ●]을 드래그해 가장 끝부터 한 칸씩 비운 채로 붉은색을 채우고, ❷ 비웠던 나머지 부분은 흰색으로 채웁니다.

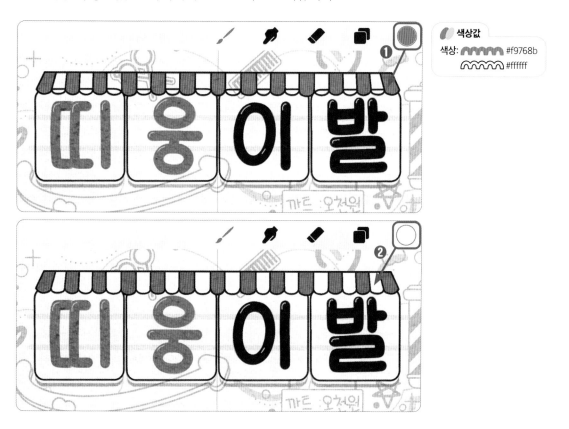

🖍 **색상값**
색상: #f9768b
#ffffff

19 ❶ [레이어 🔳]를 열고 ❷ ➕를 터치해 새 레이어를 만든 후 레이어 이름을 '사인볼'로 변경합니다. ❸ [동작 🔧]을 터치하여 ❹ [캔버스]를 선택한 후 ❺ [그리기 가이드 편집]을 터치합니다. ❻ 중앙에 보이는 파란 점 ⭕을 드래그하여 대칭선을 사인볼의 가운데로 옮깁니다. ❼ [완료]를 터치합니다.

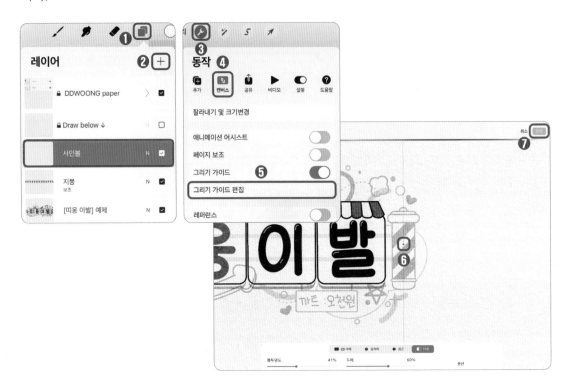

20 ❶ [레이어 🔳] 창을 열어 ❷ '사인볼' 레이어를 한 번 더 터치한 다음 ❸ [그리기 도우미]를 선택해서 ❹ '그리기 가이드' 기능을 활성화합니다. ❺ 예제를 따라서 사인볼의 테두리를 그립니다. ❻ [동작 🔧]을 터치하여 ❼ [캔버스]를 선택한 후 ❽ [그리기 가이드]를 비활성화합니다.

🖌 **브러시 설정**
종류: [띠옹] 베이직
[띠옹] 베이직
색상: 〰〰〰 #3b3b3b
크기: 2%

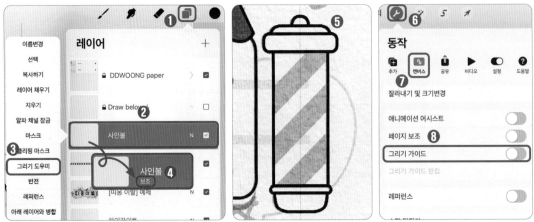

21 ❶ [레이어 ■] 창을 열어 ❷ '지붕' 레이어를 잠시 화면에서 보이지 않도록 체크를 해제(☑→☐)합니다. ❸ ＋를 터치해 새 레이어를 만든 후 레이어 이름을 '가위'로 변경하고 '사인볼' 레이어 위에 위치하도록 이동시킵니다. ❹ 예제를 따라 가위를 그립니다.

🖌 **브러시 설정**
종류: [띠웅] 베이직
[띠웅] 베이직
색상: 〰〰〰 #3b3b3b
크기: 3%

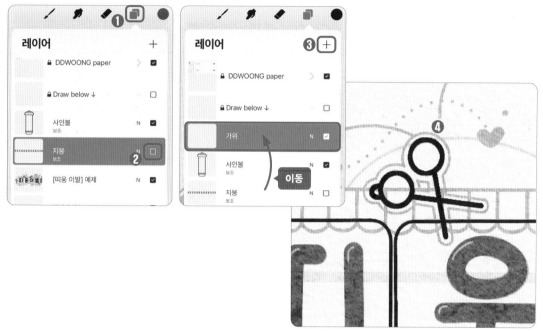

22 ❶ [레이어 ■]를 열어 ❷ ＋를 터치해 새 레이어를 만든 후 레이어 이름을 '가위 테두리'로 변경합니다. ❸ 해당 레이어를 '가위' 레이어 아래로 이동시킵니다. ❹ 예제를 따라 가위 테두리를 그립니다. ❺ [색상 ●]을 드래그해 테두리 안에 색을 채웁니다.

🖌 **브러시 설정**
종류: [띠웅] 베이직
[띠웅] 베이직
색상: 〰〰〰 #3b3b3b
크기: 2%

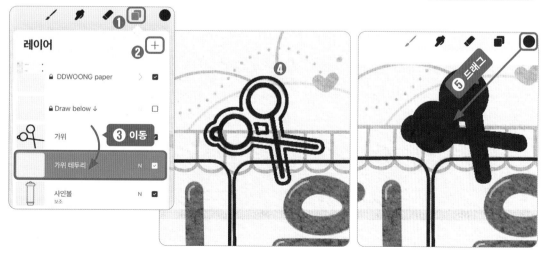

23 ❶ [레이어 ]를 열고 ❷ '가위 테두리' 레이어를 왼쪽으로 스와이프하여 ❸ [복제]합니다. ❹ 복제한 레이어의 이름을 '가위 테두리 흰'으로 변경합니다. ❺ [색상 ●]을 드래그해 흰색을 채웁니다.

색상값
색상: ∿∿∿∿ #ffffff

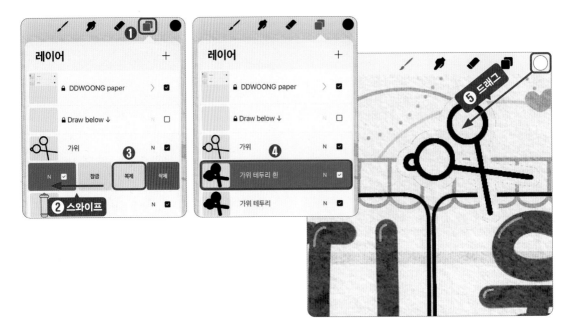

24 ❶ [레이어 🔲]에서 ❷ '가위 테두리' 레이어를 선택한 후 ❸ [조정 🖋]에 들어가 ❹ [가우시안 흐림 효과]를 선택합니다. ❺ 애플펜슬로 캔버스 화면을 가로로 드래그하여 ❻ 상단에 뜬 '가우시안 흐림 효과' 메시지의 퍼센트가 '3%'가 되도록 조정합니다.

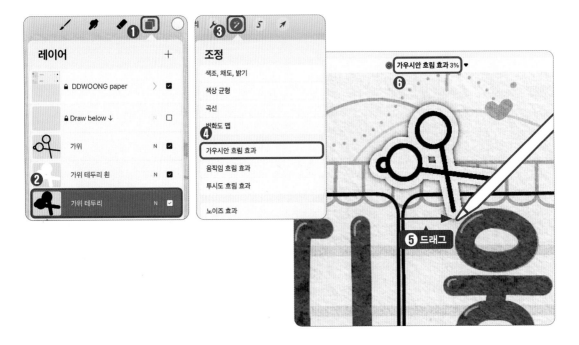

25 ❶ [레이어 📑]를 열어 ❷ '가위' 레이어부터 '가위 테두리' 레이어까지 세 개의 레이어를 꼬집듯이 모아서 하나의 레이어로 합칩니다. ❸ ➕를 터치해 새 레이어를 만들고, 레이어 이름을 '빗'으로 변경합니다. ❹ 새로 만든 레이어에 예제를 따라 빗을 그립니다.

✏️ **브러시 설정**
종류: [띠웅] 베이직
[띠웅] 베이직
색상: 〰️〰️〰️ #3b3b3b
크기: 3%

26 ❶ [레이어 📑]를 열고 ❷ ➕를 터치해 새 레이어를 만든 후 레이어 이름을 '빗 테두리'로 변경합니다. ❸ 새 레이어를 '빗' 레이어 아래로 이동시킵니다. ❹ 새 레이어에 예제를 따라 빗 테두리를 그립니다. ❺ [색상 ●]을 드래그해 테두리 선 안을 색으로 채웁니다.

✏️ **브러시 설정**
종류: [띠웅] 베이직
[띠웅] 베이직
색상: 〰️〰️〰️ #3b3b3b
크기: 2%

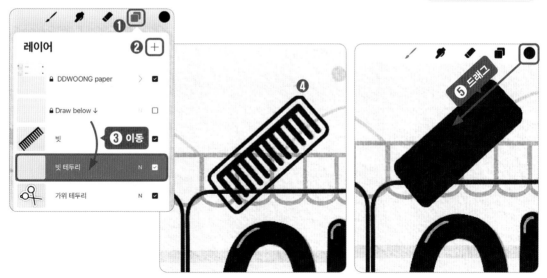

27 ❶ [레이어 ]를 열고 ❷ '빗 테두리' 레이어를 왼쪽으로 스와이프하여
❸ [복제]합니다. ❹ 복제한 레이어의 이름을 '빗 테두리 흰'으로 변경합니다.
❺ [색상 ●]을 드래그해 흰색을 채웁니다.

색상값
색상: ∿∿∿∿ #ffffff

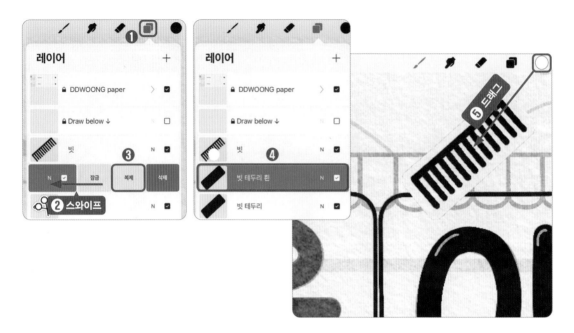

28 ❶ [레이어 ▣]에서 ❷ '빗 테두리' 레이어를 선택한 후 ❸ [조정]에 들어가 ❹ [가우시안 흐림
효과]를 선택합니다. ❺ 애플펜슬로 캔버스 화면 가로를 드래그하여 ❻ '가우시안 흐림 효과'가 '3%'
가 되도록 조정합니다.

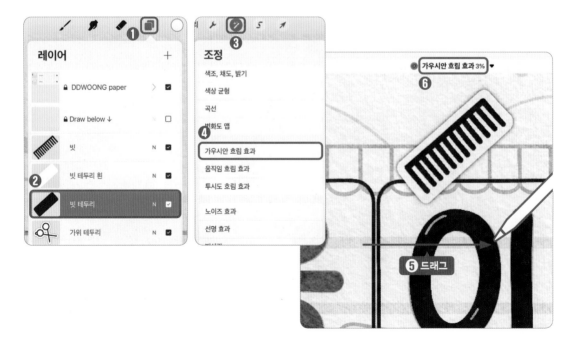

29 ❶ [레이어 ▣] 창을 열어 ❷ '빗' 레이어부터 '빗 테두리' 레이어까지 세 개의 레이어를 꼬집 듯이 모아서 하나의 레이어로 만듭니다. ❸ '지붕' 레이어가 다시 화면에 보이도록 체크를 활성화 (□→☑)합니다.

30 ❶ ⊕를 터치해 새 레이어를 만든 후 레이어 이름을 '화살표'로 변경 하고 '빗 테두리' 레이어 위에 위치하도록 이동시킵니다. ❷ 예제를 따라 화살표의 긴 곡선을 먼저 그린 다음, ❸ 화살표의 머리 부분을 그립니다. ❹ [색상 ●]을 드래그해 흰색으로 채웁니다.

✎ 브러시 설정

종류: [띠웅] 아웃라인 - 대

[띠웅] 아웃라인 - 대

색상: #3b3b3b

#ffffff

크기: 20%

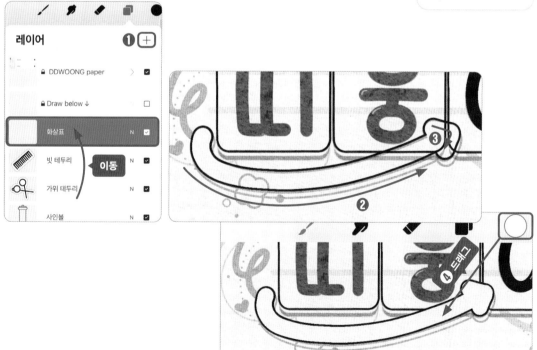

31 ❶ [레이어 🔲]를 열고 ❷ '화살표' 레이어를 왼쪽으로 스와이프하여 ❸ [복제]합니다. ❹ 복제한 레이어의 이름을 '화살표2'로 바꿔준 후 ❺ 다시 '화살표' 레이어를 선택합니다.

32 ❶ [변형 ↗]을 터치하고 ❷ 화살표를 아래로 살짝 옮겨서 화살표의 입체감을 표현합니다.

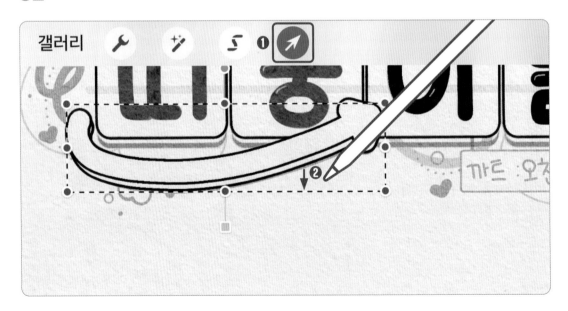

33 ❶ [레이어 ]를 열어 ❷ ➕를 터치해 새 레이어를 만든 후 레이어 이름을 '**가격표**'로 변경합니다. ❸ 새로 만든 '**가격표**' 레이어를 '**그림자**' 레이어 아래로 이동시킵니다. ❹ 예제를 따라 가격표를 그립니다. ❺ [색상 ●]을 드래그해 사각형 안에 흰색을 채웁니다.

✏️ **브러시 설정**
종류: [띠웅] 베이직
[띠웅] 베이직
색상: ~~~~~ #3b3b3b
~~~~~ #ffffff
크기: 2%

✳️ **주의!**

배경이 흰색이라서 흰색을 채워도 색이 채워진 것인지 구분되지 않을 때가 있습니다. 이럴 때는 [레이어 🔳]를 열어 해당 레이어의 섬네일을 보면 흰색이 채워졌는지 안 채워졌는지 확인할 수 있습니다.

'왜 티도 안 나는 흰색을 채우나요?'라는 의문이 들 수 있습니다. 흰색을 채우지 않은 경우 나중에 배경 요소를 추가하면 불필요한 요소들이 비쳐 보이기 때문에 미리 흰색을 칠해두는 거라고 생각해 주세요.

34 ❶ [레이어 🗗]를 열고 ❷ ➕를 터치해 새 레이어를 만든 후 레이어 이름을 '**가격표 글씨**'로 변경합니다. ❸ 예제를 따라 가격표 안에 글씨를 써 줍니다.

🖊 **브러시 설정**
종류: [띠웅] 베이직
[띠웅] 베이직
색상: #3b3b3b
크기: 2%

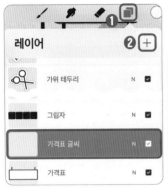

배경 그리기

35 ❶ [레이어 🗗]를 열고 ❷ ➕를 터치해 새 레이어를 만든 후 레이어 이름을 '**꾸밈 선**'으로 변경합니다. ❸ 새로 만든 레이어를 '**가격표**' 레이어 아래로 이동시킵니다. ❹ 예제를 따라 곡선을 그립니다.

🖊 **브러시 설정**
종류: [띠웅] 베이직
[띠웅] 베이직
색상: #3b3b3b
크기: 7%

36 ❶ 브러시 크기를 '3%'로 조정하여 오른쪽 밑에 있는 별을 따라 그립니다. ❷ 다시 브러시 크기를 '2%'로 조정하여 나머지 꾸밈 선들을 그립니다.

✏️ 브러시 설정
종류: [띠웅] 베이직
[띠웅] 베이직
색상: 〜〜〜 #3b3b3b
크기: 2%

37 ❶ [레이어 🗐]를 열고 ❷ ➕를 터치해 새 레이어를 만든 후 레이어 이름을 '꾸밈 장식'으로 변경합니다. ❸ 해당 레이어에 예제를 따라 위에서 아래로 대각선을 그리고, 펜을 떼지 않은 채 ❹ 중간 지점으로 돌아갑니다. ❺ 그대로 왼쪽 아래 방향으로 선을 그은 후 화면에 펜을 댄 채 ❻ 남아 있는 오른쪽 위로도 선을 그어 클로버를 완성시킵니다. 이때 한 획에 모두 긋되, 퀵셰이프 기능이 활성화되지 않도록 주의합니다.

레이어		
보조		
지붕 보조	N	☑
[띠웅 이발] 예제	N	☑
하이라이트	N	☑
가격표 글씨	N	☑
가격표	N	☑
꾸밈 장식	N	☑
꾸밈 선	N	☑

✏️ 브러시 설정
종류: [띠웅] 아웃라인 - 대
[띠웅] 아웃라인 - 대
색상: 〜〜〜 #3b3b3b
크기: 18%

38 예제를 따라 주변의 점 요소들을 마저 그립니다.

✏️ 브러시 설정
종류: [띠웅] 아웃라인 - 소
[띠웅] 아웃라인 - 소
색상: 〜〜〜 #3b3b3b
크기: 7%

종류: [띠웅] 베이직
[띠웅] 베이직
색상: 〜〜〜 #3b3b3b
크기: 6%

39 ❶ [선택 🔄]을 터치하고 ❷ [올가미]를 선택합니다. ❸ 올가미로 클로버 부분만 선택하고 ❹ 하단의 [복사 및 붙여넣기]를 선택합니다. ❺ [레이어 📑] 창을 열면 올가미로 선택한 클로버 그림이 '선택 영역에서'라는 이름의 레이어로 복사된 것이 보입니다. ❻ 이 레이어를 '화살표2' 레이어 위로 이동시킵니다.

40 ❶ 상단의 [변형 ↗]을 터치하고 ❷ 복제한 클로버를 드래그해 왼쪽 아래로 이동시킨 후 ❸ 상단의 초록 점 🟢을 돌려서 예제 밑그림과 일치하도록 회전시킵니다. ❹ [색상 ●]을 드래그해 클로버 안에 흰색을 채웁니다.

색상값
색상: 〰️ #ffffff

41 마찬가지로 예제를 따라 클로버 옆에 점과 하트들을 그립니다.

🖌 브러시 설정
종류: [띠웅] 베이직

색상: #3b3b3b
#50b1f5
#f9768b

크기: 10%

42 ❶ [레이어 🗐] 창을 열어 ❷ ➕를 터치해 새 레이어를 만든 후 레이어 이름을 '**꾸밈 도트 선**'으로 변경합니다. ❸ 이 레이어를 '**꾸밈 장식**' 레이어 위로 이동시킵니다. ❹ [브러시 ✏]를 선택하고 예제를 따라 도트 곡선을 그립니다.

🖌 브러시 설정
종류: 도트 선

색상: #3b3b3b
크기: 9%

43 ❶ [레이어 ]에서 ❷ ➕를 터치해 새 레이어를 만들고, 레이어 이름을 '배경'으로 변경합니다. ❸ 이 레이어를 '꾸밈 선' 레이어 아래로 이동시킵니다. ❹ 예제를 따라 배경의 곡선을 그립니다. ❺ 색을 채울 것이므로 뚫린 부분이 없도록 선을 그어 막아줍니다. ❻ [색상 ●]을 드래그해 안쪽에 색을 채웁니다.

🖊 **브러시 설정**
종류: [띠웅] 베이직
[띠웅] 베이직

색상: 〰〰〰 #868686
크기: 9%

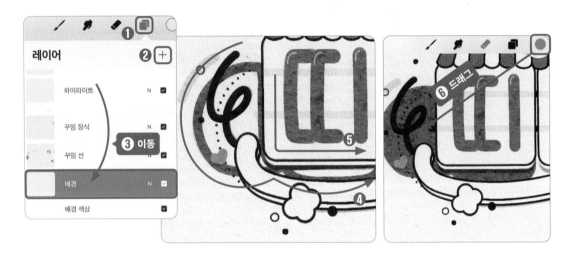

44 ❶ 나머지 배경 부분도 예제를 따라 그립니다. 다 그린 후에는 ❷ [레이어 ■]에서 ❸ '배경' 레이어의 N 을 터치하고 ❹ [불투명도]를 '15%'로 조정합니다.

사인볼 색칠하기 - 레퍼런스, 알파 채널 잠금 활용하기

45 ❶ ⊞를 터치해 새 레이어를 만든 후 레이어 이름을 '**사인볼 색**'으로 변경합니다. ❷ 이 레이어를 '**사인볼**' 레이어 아래로 이동시킵니다. ❸ '**사인볼**' 레이어를 두 번 터치하면 뜨는 팝업 메뉴에서 [그리기 도우미]를 선택해 그리기 가이드 기능을 해제합니다. ❹ 다시 '**사인볼**' 레이어를 한 번 더 터치한 후 메뉴에서 [레퍼런스]를 선택합니다.

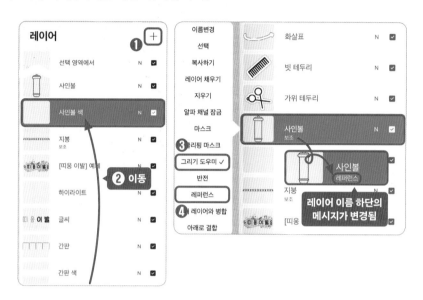

46 '**사인볼 색**' 레이어를 선택한 후 다음 이미지에 표시된 색상대로 각 위치에 [색상●]을 드래그해 색을 채웁니다.

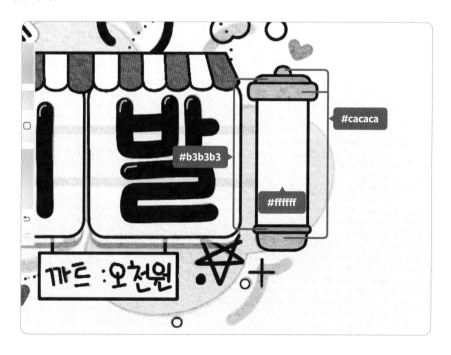

47 ❶ [레이어 ▣] 창을 열어 ❷ '사인볼 색' 레이어를 터치한 후 ❸ 팝업 메뉴에서 [알파 채널 잠금]을 선택해 색이 칠해진 영역에만 그릴 수 있도록 설정합니다. ❹ [선택 ⑤]을 터치하고 ❺ 하단의 메뉴 탭에서 [자동]을 선택한 후 ❻ 사인볼의 몸통 부분을 터치하면 자동으로 몸통 부분만 선택됩니다.

선택 범위 조절하기

[자동]을 사용할 때 [선택 한계값]이 너무 높으면 내가 선택하고 싶은 범위보다 더 넓게 선택될 수 있습니다. 이럴 때는 선택하고 싶은 부분을 터치한 상태로 애플펜슬을 떼지 않고 좌우로 드래그하면 한계값을 조절할 수 있습니다.

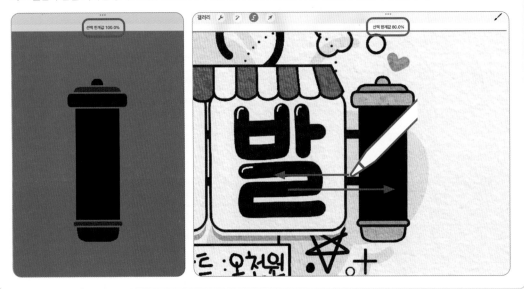

48 ❶ [브러시 ✐]를 선택하고 ❷ 두 가지 색으로 사선을 그어 사인볼에 줄무늬를 그립니다. 그리고 다시 [선택 ⟿]을 터치하여 기능을 꺼줍니다. ❸ [레이어 ▣] 창을 열어 ❹ '사인볼' 레이어를 두 번 터치한 후 ❺ 팝업 메뉴에서 [레퍼런스]를 선택해 레퍼런스 기능을 해제합니다.

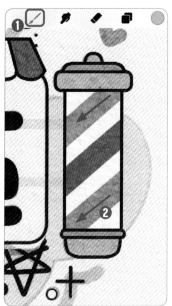

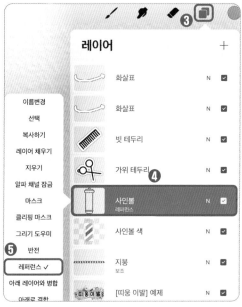

✐ 브러시 설정
종류: [띠옹] 베이직
[띠옹] 베이직

색상: 〜〜〜〜 #50b1f5
〜〜〜〜 #f9768b
크기: 17%

49 ❶ [레이어 ▣]를 열고 ❷ ✛를 터치해 새 레이어를 만든 후 레이어 이름을 '간판 선'으로 변경합니다. ❸ 해당 레이어에 예제를 따라 직선을 그린 후 펜슬을 떼지 않고 다른 손으로 화면을 한 번 터치하여 수평선을 만듭니다. 마찬가지로 나머지 선도 그립니다.

✐ 브러시 설정
종류: [띠옹] 베이직
[띠옹] 베이직

색상: 〜〜〜〜 #3b3b3b
크기: 8%

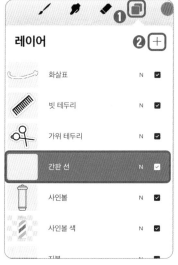

50 ❶ [레이어 ]를 열고 ❷ '간판 선' 레이어를 '그림자' 레이어 아래로 이동시킵니다. ❸ '사인볼'
과 '[띠웅 이발] 예제' 레이어를 화면에서 보이지 않도록 체크를 해제(☑→▢)합니다.

51 아기자기한 귀여운 복고풍 이발소 간판이 완성되었습니다.

👀 ✦ 실습 작품 미리 보기

한 가지 색만 사용해도 충분히 멋진 디자인을 만들 수 있습니다. 이번에는 하나의 색상만 사용해서 'BRUNCH'라는 단어로 로고를 그려보겠습니다. 익숙하지 않은 분들은 베이직 브러시보다 아웃라인 브러시로 글자를 쓰는 것이 조금 더 어렵다고 느낄 겁니다. 이번 레슨에서는 글자 수가 많은 단어를 써보며 아웃라인 브러시의 사용법을 더 연습하고, 단어와 어울리는 그림들을 적절히 그려 넣어 포인트를 주는 법을 실습해 봅시다.

◇ **실습용 파일명:** [BRUNCH] 예제.procreate

◇ **사용한 팔레트명:** [BRUNCH] 팔레트.swatches

메인 글자 쓰기

01 ❶ 갤러리 우측 상단의 [가져오기]를 터치한 후 ❷ 예제 파일을 저장한 경로에서 '[BRUNCH] 예제.procreate' 파일을 가져옵니다. ❸ [레이어 🗐]를 열고 ❹ '[BRUNCH] 예제' 레이어의 N을 터치해 ❺ [불투명도]를 '30%'로 조정합니다.

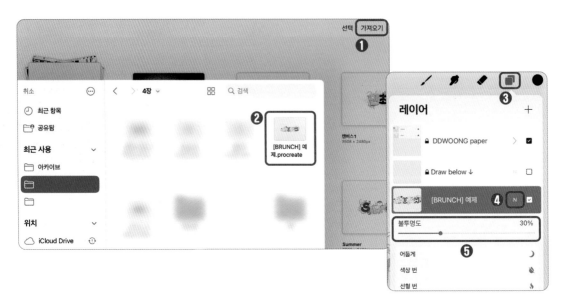

02 ❶ ➕를 터치해 새 레이어를 만든 후 레이어 이름을 'B'로 변경합니다. 새 레이어에 예제를 따라 글자를 써봅니다. ❷ 왼쪽 위에서 아래로 긋고 ❸ 나머지 곡선을 그어 'B'를 완성합니다. 한 획으로 모두 그립니다.

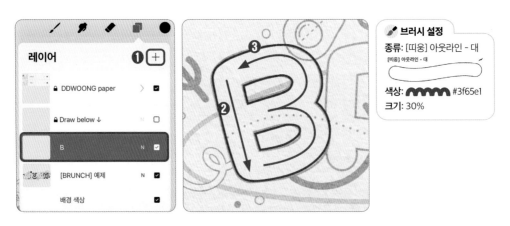

🖊 **브러시 설정**

종류: [띠웅] 아웃라인 - 대

[띠웅] 아웃라인 - 대

색상: 〰〰〰 #3f65e1

크기: 30%

03 ❶ 다시 [레이어 🗇]를 열고 ❷ ➕를 터치해 새 레이어를 만든 후 레이어 이름을 'R'로 변경합니다. ❸ 해당 레이어에 새 글자를 써봅시다. 먼저 왼쪽 아래에서 위로 선을 긋고, ❹ 나머지 'R'의 곡선 부분을 그립니다. ❺ 이어서 튀어나온 지점까지 되돌아간 후 튀어나온 부분을 마저 긋습니다.

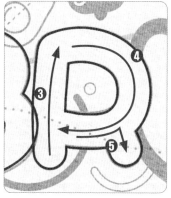

04 이렇게 한 레이어당 한 글자씩 그려서 'B'에서 'H'까지 레이어를 생성합니다.

05 ❶ [지우개 ✐]를 터치해 ❷ 해당하는 각 글자의 레이어를 선택하고 글자가 겹친 부분의 선을 지웁니다.

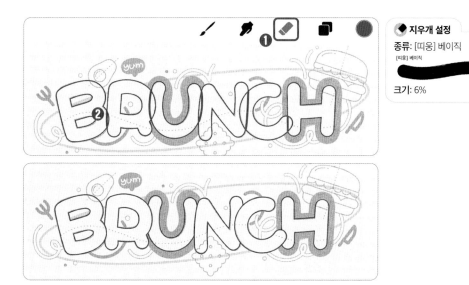

06 ❶ [레이어 🗐] 창을 열어 ❷ 'B'부터 'H'까지 레이어들을 꼬집듯이 모아서 하나의 레이어로 합칩니다. ❸ 합친 레이어의 이름을 '글씨'로 변경합니다.

07 ❶ ➕를 터치해 새 레이어를 만든 후 레이어 이름을 '글씨 색'으로 변경합니다. ❷ 새로 만든 '글씨 색' 레이어를 '글씨' 레이어 아래로 이동시킵니다. ❸ 다시 '글씨' 레이어를 두 번 터치한 후 [레퍼런스]를 선택합니다.

08 ❶ 다시 '글씨 색' 레이어를 선택한 후 ❷ [색상 ●]을 드래그해 모든 글자 안에다 흰색을 채웁니다.

🎨 **색상값**
색상: 〰〰〰 #ffffff

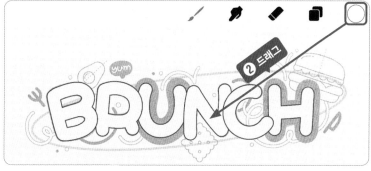

09 ❶ [레이어 🗐]를 열고 ❷ '글씨' 레이어를 두 번 터치한 후 ❸ [레퍼런스]를 선택해 레퍼런스 모드를 해제합니다. ❹ ➕를 터치해 새 레이어를 만든 후 레이어 이름을 '글씨 포인트'로 변경합니다. ❺ 새로 만든 레이어를 '글씨 색' 레이어 아래로 이동시킵니다. ❻ 예제를 따라 'U'와 'H'에 굵은 테두리를 그려 포인트를 줍니다.

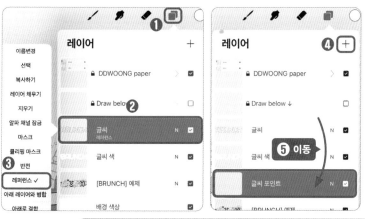

✏️ **브러시 설정**
종류: [띠웅] 베이직
[띠웅] 베이직
색상: 〰〰〰 #3f65e1
크기: 20%

10 ❶ [레이어 ▦]를 열고 ❷ ➕를 터치해 새 레이어를 만든 후 레이어 이름을 '햄버거'로 변경합니다. ❸ 새로 만든 레이어를 '글씨 포인트' 레이어 아래로 이동시킵니다. ❹ [동작 🔧]을 터치한 후 ❺ [캔버스]를 선택하여 ❻ [그리기 가이드]를 활성화합니다. ❼ 그런 다음 바로 아래의 [그리기 가이드 편집]을 이어서 선택합니다.

11 ❶ 하단의 [대칭]을 선택하여 대칭선으로 변경합니다 ❷ 파란 점◉으로 대칭선의 위치를 옮기고, ❸ 초록 점◉으로 회전을 해서 예제의 점선과 일치하도록 맞춥니다. ❹ [완료]를 터치하고 ❺ 예제를 따라 햄버거를 그립니다.

🖌️ 브러시 설정
종류: [띠옹] 베이직
색상: #3f65e1
크기: 2%

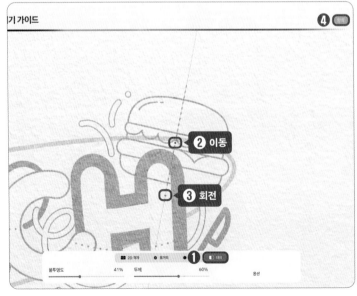

❗ **기억해요!**
캔버스에서 확대·축소한 것과 마찬가지로 그리기 가이드 설정 화면에서 두 손가락을 터치한 채 벌리거나 오므리면 보이는 이미지를 확대·축소할 수 있습니다.

12 ❶ [레이어 ⬛] 창을 열어 ❷ 선택되어 있는 '**햄버거**' 레이어를 터치한 후 ❸ 팝업 메뉴에서 [그리기 도우미]를 선택해 그리기 도우미 기능을 해제합니다. ❹ 예제를 따라 햄버거의 하이라이트 와 치즈를 그립니다.

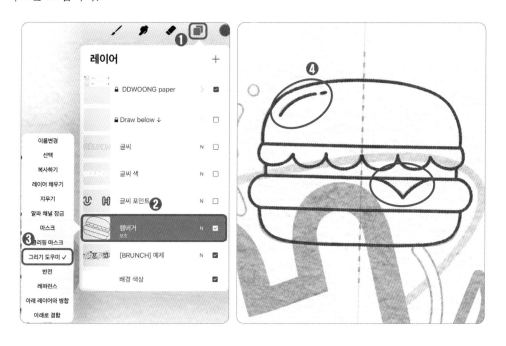

13 ❶ [레이어 ⬛] 창을 열어 ❷ ➕를 터치해 새 레이어를 만든 후 레이어 이름을 '**아보카도**'로 변 경합니다. ❸ 선택되어 있는 '**아보카도**' 레이어를 터치하여 ❹ 팝업 메뉴의 [그리기 도우미]를 선택 합니다. ❺ [동작 🔧]을 터치하여 ❻ [캔버스]를 선택한 후 ❼ [그리기 가이드 편집]을 선택합니다.

14 ❶ 햄버거를 그릴 때와 마찬가지로 파란 점◉의 위치를 옮기고 ❷ 초록 점◉으로 회전시켜 아보카도의 점선과 일치하도록 대칭선을 조정합니다. ❸ [완료]를 터치하고 ❹ 예제를 따라 아보카도를 그립니다.

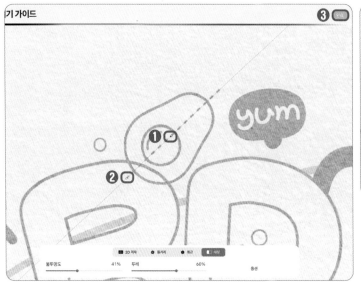

15 ❶ [레이어 ▣]를 열어 ❷ '아보카도' 레이어를 터치한 후 ❸ 팝업 메뉴에서 [그리기 도우미]를 선택해 그리기 도우미 기능을 해제합니다. ❹ 예제를 따라 아보카도의 하이라이트를 그립니다.

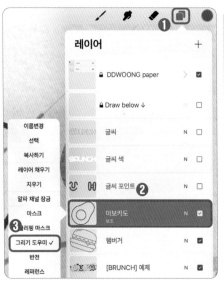
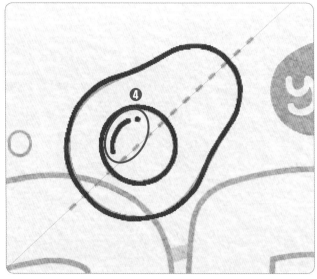

16 ❶ [레이어 ]를 열어 ❷ ➕를 터치해 새 레이어를 만든 후 레이어 이름을 '크래커'로 변경합니다. ❸ '크래커' 레이어를 한 번 더 터치하여 ❹ 팝업 메뉴의 [그리기 도우미]를 선택합니다. ❺ [동작 🔧]을 터치하여 ❻ [캔버스]를 선택한 후 ❼ [그리기 가이드 편집]을 선택합니다.

17 ❶ 하단에 뜬 메뉴에서 [옵션]을 터치하고 ❷ [사분면]을 선택합니다. ❸ 파란 점 ◉을 드래그하여 크래커의 중앙으로 옮긴 후 ❹ [완료]를 터치합니다.

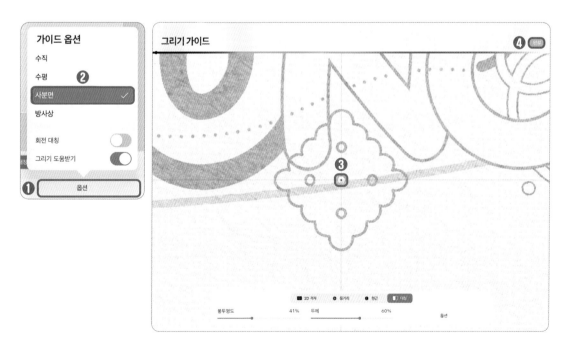

18 ❶ 예제를 따라 크래커를 그립니다. 그리기를 완료한 후에는 ❷ [동작🔧]을 터치하여 ❸ [캔버스]를 선택한 후 ❹ [그리기 가이드]를 비활성화하여 화면에서 가이드 선을 없앱니다.

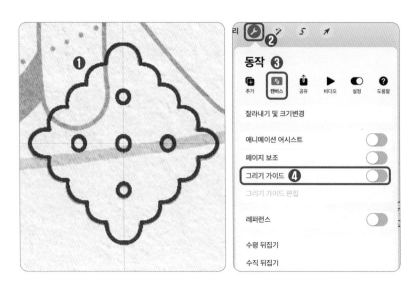

배경 그리기

19 ❶ [레이어 🗇]를 열고 ❷ ➕를 터치해 새 레이어를 만든 후 레이어 이름을 '배경'으로 변경합니다. ❸ 새 레이어를 '햄버거' 레이어 아래로 이동시킵니다. ❹ 예제를 따라 배경의 타원을 그립니다.

🖌 **브러시 설정**
종류: [띠웅] 베이직
색상: 〰〰〰 #3f65e1
크기: 5%

20 ❶ [선택 ⑤]을 터치하여 ❷ [자동]을 선택합니다. ❸ 타원 안을 한 번 터치하면 자동으로 타원만 선택됩니다. ❹ 선택된 상태에서 [브러시 ✐]를 이용해 펜슬을 지그재그로 움직이며 타원 전체에 격자무늬를 그립니다. 그리고 다시 [선택 ⑤]을 터치하여 기능을 꺼줍니다.

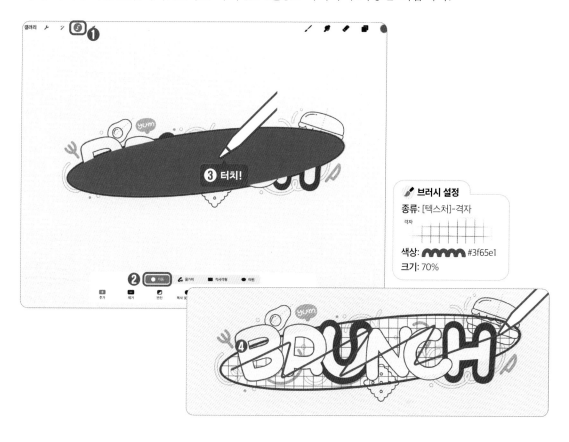

✐ 브러시 설정
종류: [텍스처]-격자

격자

색상: #3f65e1
크기: 70%

21 ❶ [지우개 ◢]를 터치해 ❷ 크래커와 햄버거 부분까지 그려진 배경을 지웁니다.

◢ 지우개 설정
종류: [띠옹] 베이직

[띠옹] 베이직

크기: 10%

22 ❶ [레이어 ] 창을 열어 ❷ ➕를 터치해 새 레이어를 만든 후 레이어 이름을 '**꾸밈 선**'으로 변경합니다. ❸ 예제를 따라 배경의 곡선을 그립니다. ❹ 브런치를 먹기 위한 포크와 나이프도 그립니다.

🖊 브러시 설정
종류: [띠웅] 베이직
[띠웅] 베이직
색상: 〰〰〰 #3f65e1
크기: 7%

23 ❶ [레이어 ] 창을 열어 ❷ ➕를 터치해 새 레이어를 만든 후 레이어 이름을 '**꾸밈 테두리선**'으로 변경합니다. ❸ 예제를 따라 배경의 곡선을 그립니다.

🖊 브러시 설정
종류: [띠웅] 아웃라인 - 소
[띠웅] 아웃라인 - 소
색상: 〰〰〰 #3f65e1
크기: 6%

24 흰색을 선택하고 [색상 ●]을 드래그해 모든 꾸밈 테두리선 안쪽에 색을 채웁니다.

색상값
색상: 〰〰 #ffffff

25 ❶ [레이어 ▣]를 열고 ❷ ➕를 터치해 새 레이어를 만든 후 레이어 이름을 '꾸밈 도트'로 변경합니다. ❸ 예제를 따라 주변에 점들을 찍습니다.

브러시 설정
종류: [띠옹] 아웃라인 - 소   종류: [띠옹] 베이직
[띠옹] 아웃라인 - 소   [띠옹] 베이직
색상: 〰〰 #3f65e1   색상: 〰〰 #3f65e1
크기: 7%   크기: 6%

26 ❶ [레이어 📑]를 열고 ❷ ➕를 터치해 새 레이어를 만든 후 레이어 이름을 '**말풍선**'으로 변경합니다. ❸ 예제를 따라 말풍선을 그린 후 ❹ [**색상 ⬤**]을 드래그해 말풍선 안쪽에 색을 채웁니다.

27 ❶ [레이어 📑] 창을 열어 ❷ '**말풍선**' 레이어의 N 을 터치하고 ❸ [**불투명도**]를 '**30%**'로 조정합니다. ❹ ➕를 터치해 새 레이어를 만든 후 레이어 이름을 '**yum**'으로 변경합니다. ❺ 해당 레이어에 예제를 따라 말풍선 안의 글자를 씁니다.

28 ❶ [레이어 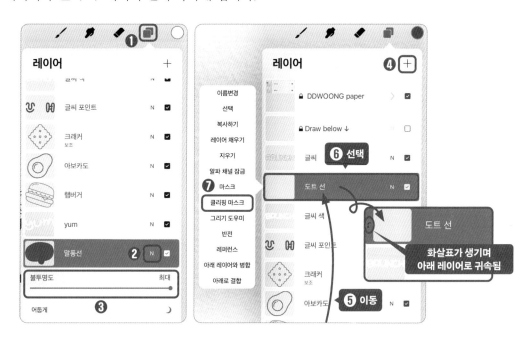] 창을 열어 ❷ '말풍선' 레이어의 N 을 터치하고 ❸ [불투명도]를 '최대(100%)'로 조정합니다. ❹ ➕를 터치해 새 레이어를 만든 후 레이어 이름을 '도트 선'으로 변경합니다. ❺ 새로 만든 레이어를 '글씨 색' 레이어 위로 이동시킵니다. ❻ '도트 선' 레이어가 선택된 상태에서 터치해 팝업 메뉴를 띄우고, ❼ 메뉴 중 [클리핑 마스크]를 선택합니다. 화살표가 생기며 '도트 선' 레이어가 '글씨 색' 레이어 안에 속하게 됩니다.

29 [브러시 ]를 터치하고 '도트 선' 브러시를 선택해 글씨 안에 곡선을 그립니다.

🖌️ 브러시 설정
종류: 도트 선
도트 선
색상: #3f65e1
크기: 9%

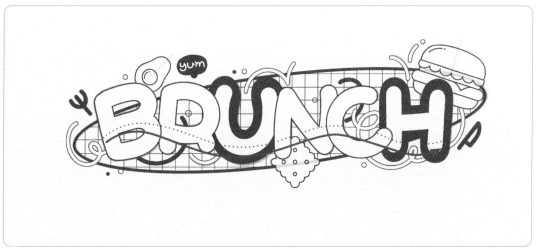

30 ❶ [레이어 ]를 열고 ❷ '[BRUNCH] 예제' 레이어가 화면에서 보이지 않도록 체크를 해제(☑→☐)합니다.

31 한 가지 색상만 활용해 그린 귀엽고 모던한 느낌의 'BRUNCH' 로고가 완성되었습니다.

색상 변경하기

❶ '글씨' 레이어부터 '배경' 레이어까지 전체 레이어를 다중 선택한 후 ❷ [그룹]으로 만듭니다. ❸ 하나로 합친 그룹을 한 번 더 터치한 후 ❹ [병합]을 선택해 하나의 레이어로 만듭니다.

❺ [조정 🖉]에 들어가 ❻ [색조, 채도, 밝기]를 선택합니다. ❼ 하단의 [색조]와 [채도] 게이지 바를 조절하여 원하는 색으로 변경합니다.

❽ 나만의 색상으로 다양하게 변경해 봅니다.

LESSON 03

활용도 높고 러블리한 'LOVE you' 타이포 그리기

👀 실습 작품 미리 보기

이번 레슨에서는 짧은 글을 필기체로 써보는 실습을 하겠습니다. 손으로 쓴 듯한 필기체와 보색을 이용해 사랑스러운 느낌의 'LOVE you'라는 글을 디자인해 봅시다. 또한 그림자를 넣어 글씨에 입체 감을 주는 방법도 익혀보겠습니다.

◇ **실습용 파일명:** [LOVE you] 예제.procreate

◇ **사용한 팔레트명:** [LOVE you] 팔레트.swatches

메인 글자 쓰기 - 가우시안 흐림 효과 활용하기

01 ❶ [가져오기]를 터치한 후 ❷ '[LOVE you] 예제.procreate' 파일을 가져옵니다.

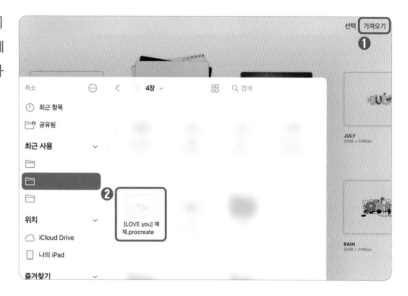

02 ❶ [레이어 ]를 열고 ❷ '배경 색상' 레이어를 선택합니다. ❸ 하단에서 [클래식] 모드를 선택한 후 ❹ 색상 선택 영역에서 검정에 가까운 어두운 색을 선택하고 ❺ [완료]를 누릅니다. ❻ 이어서 '[LOVE you] 예제' 레이어의 N 을 터치하고 ❼ [불투명도]를 '60%'로 조정합니다.

🖌 색상값
색상: 〰〰〰 #0d0d0d

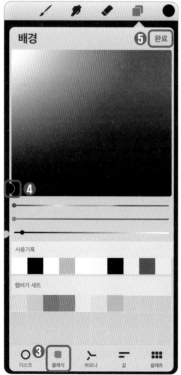

03 ❶ ⊞를 터치해 새 레이어를 만들고 레이어 이름을 'L'로 변경합니다. ❷ 해당 레이어에 예제를 따라 'L'을 씁니다.

브러시 설정
종류: [띠웅] 베이직
[띠웅] 베이직
색상: #efaec7
크기: 15%

04 ❶ 다시 [레이어 📑]를 열어 ❷ ⊞를 터치해 새 레이어를 만들고, 레이어 이름을 'O'로 변경합니다. ❸ 예제를 따라 'O'를 씁니다.

05 이렇게 한 레이어당 한 글자씩 써서 'L'에서 'u'까지 일곱 개의 레이어를 만듭니다.

06 ❶ [레이어 ▣]를 열고 ❷ 'L'부터 'u'까지의 레이어들을 꼬집듯이 모아서 하나의 레이어로 합칩니다. ❸ 합친 레이어의 이름을 '글씨'로 변경합니다.

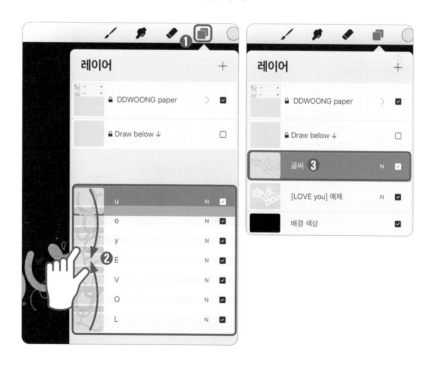

07 ❶ ➕를 터치해 새 레이어를 만든 후 레이어 이름을 '그러데이션'으로 변경합니다. ❷ '그러데이션' 레이어를 한 번 더 터치하면 뜨는 팝업 메뉴에서 ❸ [클리핑 마스크]를 선택합니다. ❹ [브러시✏]를 터치해 '브러시 설정' 박스의 정보대로 설정하고, 글씨의 위아래에 선을 긋습니다.

✏ **브러시 설정**
종류: [띠웅] 베이직
색상: #add6f3
크기: 70%

08 ❶ [조정🪄]에 들어가 ❷ [가우시안 흐림 효과]를 선택합니다. ❸ 애플펜슬로 화면을 드래그하여 ❹ '가우시안 흐림 효과'를 '25%'가 되도록 조정합니다.

글씨에 그림자 넣기 - 올가미 도구 활용하기

09 ❶ [레이어 ▦]를 열고 ❷ ➕를 터치해 새 레이어를 만든 후 레이어 이름을 '그림자'로 변경합니다. ❸ '그림자' 레이어를 한 번 더 터치하면 뜨는 팝업 메뉴에서 ❹ [클리핑 마스크]를 선택합니다. ❺ '그림자' 레이어의 N 을 터치하고 ❻ [불투명도]를 '35%'로 조정합니다.

10 ❶ [선택 ⑤]을 터치하여 ❷ [올가미]를 선택합니다. ❸ 올가미로 'L' 글자에 그림자를 넣을 영역을 선택하여 지정합니다. ❹ [브러시 ✏]를 터치하여 설정하고 ❺ 올가미로 선택된 영역에 그림자를 그리면 'L'의 지정한 부분에만 그림자를 그려 넣을 수 있습니다. 다시 [선택 ⑤]을 터치하여 기능을 꺼줍니다.

✏ **브러시 설정**

종류: [스프레이]-중간 노즐

색상: ∧∧∧∧∧ #000000

크기: 7%

◆ **참고!**

[선택 ⑤] 도구로 선택 영역을 그릴 때 선을 잘못 그었을 경우에는 ❶ 하단 맨 오른쪽의 [지우기]를 선택하거나 캔버스에서 그림을 그릴 때처럼 ❷ 두 손가락으로 화면을 터치하면 그렸던 선들이 사라지고 새로이 그릴 수 있게 됩니다.

11 ❶ 다시 [선택 ⑤]을 터치하여 [올가미]를 실행합니다. ❷ 올가미로 'L' 글자에 그림자를 넣을 영역을 지정합니다. ❸ [브러시 ✎]를 선택하고 ❹ 올가미로 선택된 영역에 그림자를 그립니다. 그리고 다시 [선택 ⑤]을 터치하여 기능을 꺼줍니다.

12 ❶ [선택 ⑤]을 터치하여 [올가미]를 선택해 ❷ 'L' 글자에 그림자를 넣을 영역을 지정합니다. ❸ [브러시 ✎]로 ❹ 올가미로 선택된 영역에 그림자를 그립니다. 다시 [선택 ⑤]을 터치하여 기능을 꺼줍니다.

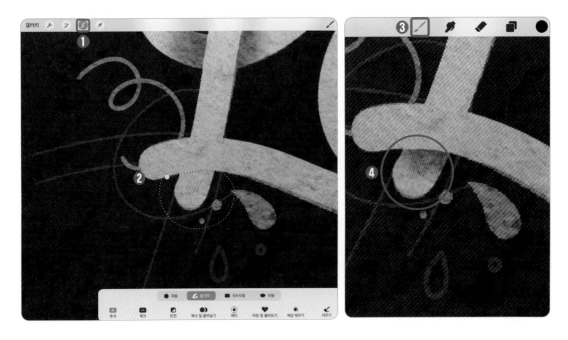

13 다음과 같이 글자마다 이미지에 표시된 영역을 올가미로 지정하고 그림자를 그립니다.

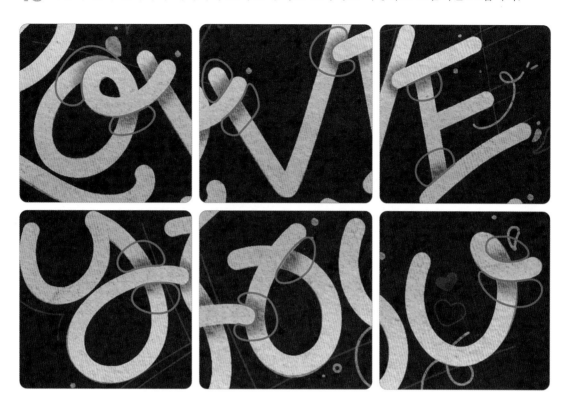

14 ❶ [레이어 🗗]를 열고 ❷ ➕를 터치해 새 레이어를 만든 후 레이어 이름을 '**하이라이트**'로 변경합니다. ❸ 각 글자에 하이라이트를 적절히 그려 넣습니다.

🖌 **브러시 설정**

종류: [띠웅] 베이직

[띠웅] 베이직

색상: 〰〰〰 #ffffff

크기: 1%

배경 그리기

15 ❶ [레이어 ]를 열고 ❷ ➕를 터치해 새 레이어를 만든 후 레이어 이름을 '**배경**'으로 변경합니다. ❸ 새로 만든 레이어를 '**글씨**' 레이어 아래로 이동시킵니다. ❹ [브러시✏️]를 이용해 예제를 따라 글자 주변에 낙서한 느낌의 선들을 그립니다. ❺ 선을 다 그린 다음 [레이어 📑] 창을 열어 ❻ '**배경**' 레이어의 Ⓝ을 터치하고 ❼ [**불투명도**]를 '**50%**'로 조정합니다.

✏️ **브러시 설정**
종류: [띠옹] 베이직
[띠옹] 베이직
색상: 〰️〰️〰️ #ffffff
크기: 1%

16 ❶ ➕를 터치해 새 레이어를 만든 후 레이어 이름을 '**꾸밈 선**'으로 변경합니다. ❷ 새로 만든 레이어를 '**하이라이트**' 레이어 위로 이동시킵니다. ❸ 예제를 따라 곡선들을 그립니다.

✏️ **브러시 설정**
종류: [띠옹] 베이직
[띠옹] 베이직
색상: 〰️〰️〰️ #ffffff
크기: 2%

17 ❶ [레이어 ] 창을 열어 ❷ ➕를 터치해 새 레이어를 만든 후 레이어 이름을 '**꾸밈 요소**'로 변경합니다. ❸ 예제를 따라 잉크가 튀는 듯한 효과를 그립니다.

18 나머지 주변 효과들도 그려 넣습니다.

🖌 **브러시 설정**

종류: [띠웅] 베이직

[띠웅] 베이직

색상: 〰〰〰 #efaec7
〰〰〰 #add6f3

크기: 2%

19 브러시 설정을 변경하고 예제를 따라 하트를 그립니다.

✏️ **브러시 설정**

종류: [띠움] 아웃라인 - 소

[띠움] 아웃라인 - 소

색상: 〰️〰️ #efaec7
　　　　〰️〰️ #add6f3

크기: 13%

20 다시 브러시 설정을 변경하고 선택해 예제를 따라 하트를 그립니다.

✏️ **브러시 설정**

종류: [띠움] 베이직

[띠움] 베이직

색상: 〰️〰️ #efaec7
　　　　〰️〰️ #add6f3

크기: 8%

21 ❶ [레이어 ]를 열고 ❷ ➕를 터치해 새 레이어를 만든 후 레이어 이름을 '**배경 꾸밈**'으로 변경합니다. ❸ 새로 만든 레이어를 '**배경**' 레이어 아래로 이동시킵니다. ❹ 예제를 따라 브러시의 색과 크기를 달리해 가며 배경의 사선들을 그립니다.

🖌️ **브러시 설정**
종류: [띠웅] 베이직
[띠웅] 베이직

색상: 〰️〰️〰️ #efaec7
　　　〰️〰️〰️ #add6f3
　　　〰️〰️〰️ #ffffff
크기: 8%, 30%

22 ❶ [레이어 ] 창을 열어 ❷ '배경 꾸밈' 레이어의 N을 터치한 뒤 ❸ [**불투명도**]를 '**30%**'로 조정합니다. ❹ [**지우개**]를 터치해 ❺ 그렸던 선의 끝부분들을 자연스러워 보이도록 살짝 지웁니다.

◆ **지우개 설정**
종류: [스프레이]-중간 노즐
중간 노즐

크기: 18%

23 ❶ [레이어 ] 창을 열어 ❷ '[LOVE you] 예제' 레이어가 화
면에서 보이지 않도록 체크를 해제(☑→☐)합니다.

24 러블리한 느낌의 'LOVE you' 타이포그래피가 완성되었습니다.

CHAPTER 6

타이포그래피를 활용해 굿즈 만들어보기

타이포그래피를 활용한 배경 화면 만들기

이제 그동안 실습해 본 것을 토대로 다양한 디자인 굿즈를 만들어봅시다. 가장 먼저 우리가 자주 사용하는 스마트폰과 태블릿의 배경 화면을 만들어볼까요? 앞에서 배운 디자인을 활용하여 달력이 더해진 배경 화면을 만들어보겠습니다.

◇ 사용한 팔레트명: [바람] 팔레트.swatches

스마트폰 배경 화면 만들기

01 ❶ 갤러리 화면의 오른쪽 상단에 있는 [선택]을 터치합니다. ❷ 실습을 통해 만들었던 '[바람] 예제' 캔버스를 선택한 후 ❸ [복제]합니다. ❹ 복제가 완료되면 ✕ 를 터치해 완료합니다. ❺ 복제된 캔버스를 터치하여 엽니다.

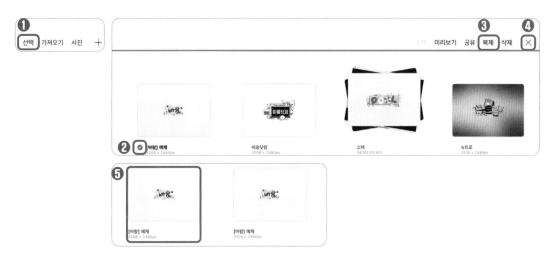

02 ❶ [레이어 🗐]를 열고 ❷ '글씨', '효과', '효과2' 레이어가 화면에서 보이지 않도록 체크를 해제(☑→☐)합니다. ❸ ➕를 터치해 새 레이어를 만든 후 레이어 이름을 '11월'로 변경합니다. ❹ 새로 만든 '11월' 레이어를 '꾸밈 도트 선' 레이어 위로 이동시킵니다. ❺ 원고지 칸에 맞추어 '11月'을 씁니다. 꼭 해당 달이 아니라 원하는 다른 달을 자유롭게 써도 좋습니다.

🖌 **브러시 설정**
종류: [띠웅] 베이직
색상: 〰〰〰 #3b3b3b
크기: 20%

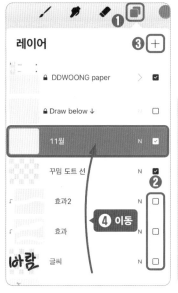

03 ❶ [지우개✏️]를 터치해 ❷ 글자의 겹쳐진 부분들을 지워서 단조로운 글씨에 포인트를 넣어 줍니다.

🖊️ 지우개 설정

종류: [[띠웅] 베이직

[띠웅] 베이직

크기: 2%

04 ❶ [레이어📑]를 열어 ❷ '11월' 레이어를 한 번 더 터치하여 세부 메뉴를 열고, ❸ [알파 채널 잠금]을 선택합니다. ❹ 글자 영역 전체에 도트 무늬를 입힙니다.

✏️ 브러시 설정

종류: [띠웅] 도트 배경

[띠웅] 도트 배경

색상: 〰️〰️ #868686

크기: 15%

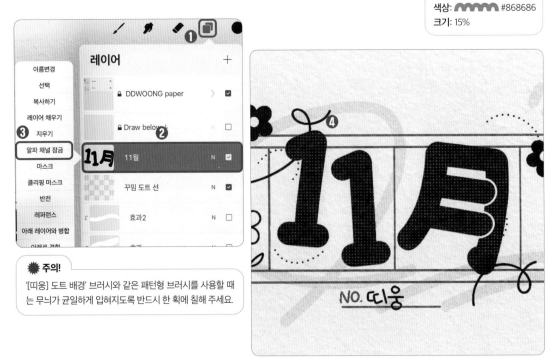

✳️ 주의!

'[띠웅] 도트 배경' 브러시와 같은 패턴형 브러시를 사용할 때 는 무늬가 균일하게 입혀지도록 반드시 한 획에 칠해 주세요.

05 ❶ [레이어 ▨]를 열고 ❷ ✛를 터치해 새 레이어를 만든 후 레이어
이름을 '효과3'으로 변경합니다. ❸ 이 '효과3' 레이어를 한 번 더 터치하
면 뜨는 팝업 메뉴에서 ❹ [클리핑 마스크]를 선택합니다. ❺ '효과3' 레이
어의 N 을 터치하고 ❻ [불투명도]를 '40%'로 조정합니다. ❼ 이미지 예시
처럼 위와 아래에 흰색 효과선을 그립니다.

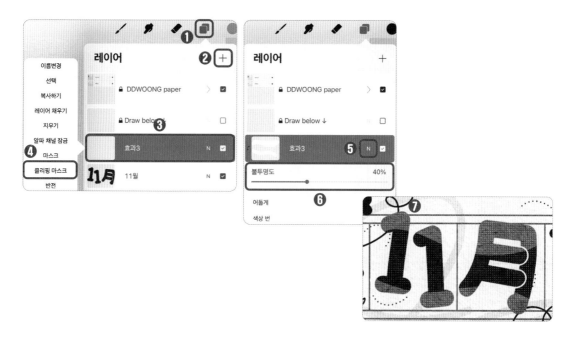

06 ❶ [레이어 ▨]를 열고 ❷ '효과3' 레이어를 왼쪽으로 스와이프하여 ❸ [복제]합니다. ❹ 복제
된 레이어의 이름을 '효과4'로 변경하고 한 번 더 터치한 후 ❺ [지우기]를 선택합니다. 해당 레이
어에 그려진 그림이 모두 지워집니다. ❻ 지워져서 아무것도 남지 않은 상태에서 다음 이미지처
럼 글자 윗부분에 흰색 효과선을 다시 그립니다.

07 ❶ [레이어 🗐]를 열고 ❷ 이미지와 같이 9개의 레이어를 다중 선택해서 ❸ [그룹]으로 만듭니다. ❹ 새로 만들어진 그룹을 터치하면 뜨는 팝업 메뉴에서 [이름변경]을 선택하고 그룹 이름을 '11월'로 변경합니다. ❺ 불필요한 레이어를 정리하기 위해 '효과2' 레이어부터 [바람] 예제' 레이어까지 다중 선택한 후 ❻ [삭제]합니다.

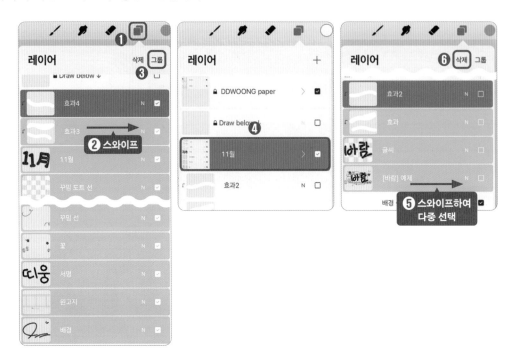

08 이제 스마트폰의 크기로 캔버스를 조절해 봅시다. ❶ [동작 🔧]을 터치하여 ❷ [캔버스]를 선택한 후 ❸ [잘라내기 및 크기변경]을 터치합니다. ❹ 우측 상단의 [설정]을 선택합니다. ❺ 자신의 스마트폰 화면 사이즈를 입력하고 ❻ 하단의 키패드에서 [완료]를 터치합니다. ❼ 다시 설정창에서 숫자를 기입하는 칸 사이에 있는 링크 🔗 아이콘을 터치합니다. 해당 버튼을 터치하는 것은 크기를 조절하더라도 현재 비율을 유지하겠다는 뜻입니다.

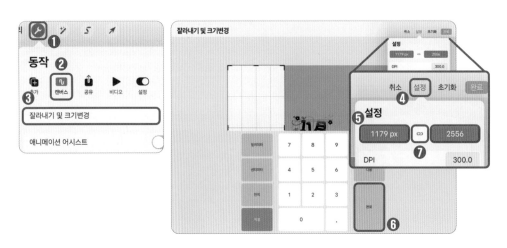

09 내가 설정한 크기로 캔버스의 크기가 변형된 것이 보입니다. ❶ 화면에 뜬 사각 틀 테두리의 모서리를 선택해서 크기를 조절하고 ❷ 사각 틀을 드래그하며 그림이 가운데로 오도록 위치를 조절합니다. ❸ 적당한 위치와 크기가 되었다면 우측 상단의 [완료]를 터치합니다.

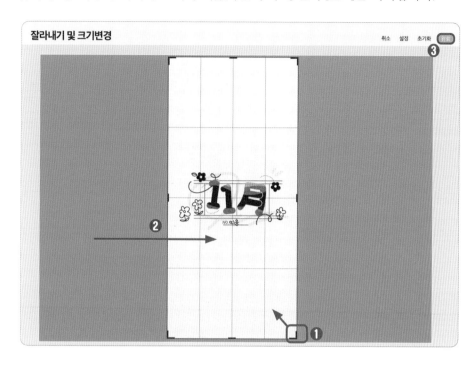

🌸 **주의!**

캔버스의 크기를 재조정할 때 그림이 캔버스 밖으로 벗어나거나 사각 선택 틀이 원래 캔버스를 벗어나게 되면, 이미지가 잘리거나 배경의 종이 질감 텍스쳐가 캔버스에 입혀지지 않은 면적이 생깁니다. 캔버스를 재조정할 때는 반드시 이 점을 주의하세요.

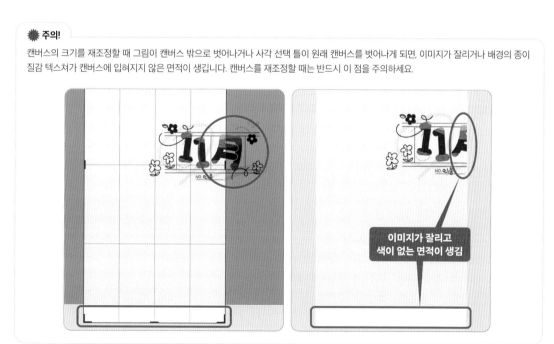

10 캔버스의 크기가 변형되었습니다.

11 ❶ [변형 ↗]을 터치하여 ❷ 그림을 적당한 위치로 이동시킵니다. 이때 본인의 스마트폰 배경
화면 양식에 맞추어 기본 정보(날짜, 시각 등)가 뜨는 부분을 피해 자리를 잡도록 합니다. ❸ [레이
어 📑]를 열어 ❹ ➕를 터치해 새 레이어를 만들고, 레이어 이름을 '**달력 테두리**'로 변경합니다.

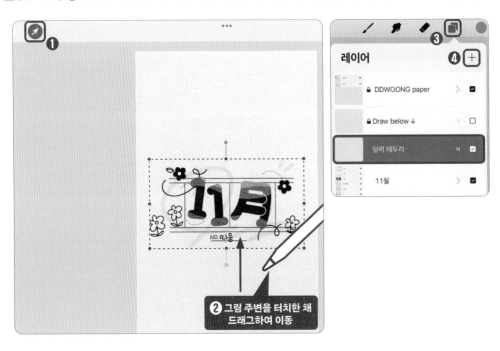

❷ 그림 주변을 터치한 채
드래그하여 이동

12 ❶ [동작 🔧]을 터치하여 ❷ [캔버스]를 선택한 후 ❸ [그리기 가이드]를 활성화합니다. ❹ 이어서 [그리기 가이드 편집]을 터치합니다. ❺ 하단의 [격자 크기]를 '130px'로 변경합니다. 게이지 바로 정확한 값을 맞추기 힘들다면 숫자 부분을 터치하여 직접 입력해도 됩니다. ❻ [완료]를 터치합니다.

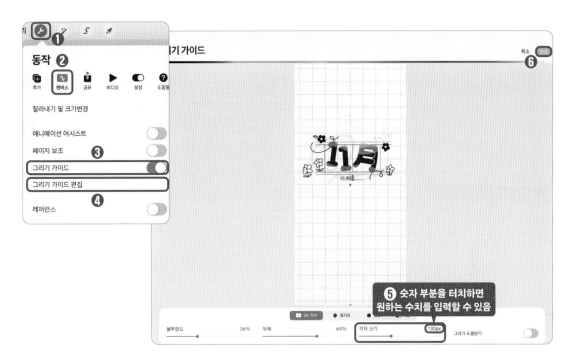

13 ❶ [레이어 ▣]를 열어 ❷ '달력 테두리' 레이어를 한 번 더 터치하고 ❸ 팝업 메뉴에서 [그리기 도우미]를 선택하여 해당 레이어에 '그리기 가이드' 기능을 적용합니다. ❹ 가이드라인을 따라 7칸 분량의 직선을 그립니다. [그리기 도우미] 기능 덕분에 따로 퀵셰이프 기능을 이용하지 않아도 자동으로 반듯한 수평선이 그려집니다.

🖌 **브러시 설정**
종류: [띠웅] 베이직
색상: #ec7b86
크기: 2%

14 이렇게 예시 이미지를 따라 직선을 그어 가로 7칸, 세로 6칸의 달력 테두리를 그립니다.

15 ❶ [레이어 🗖]를 열어 ❷ ➕를 터치해 새 레이어를 만든 후 레이어 이름을 '날짜'로 변경합니다. ❸ 해당 레이어가 선택된 상태에서 달력 테두리 안에 요일과 날짜를 씁니다.

16 ❶ [레이어 🗐]를 열어 ❷ '날짜' 레이어를 한 번 더 터치하고 ❸ 팝업 메뉴에서 [알파 채널 잠금]을 선택합니다. ❹ 일요일과 토요일의 머리글자와 숫자들을 각각 빨간색, 파란색으로 칠합니다.

17 ❶ [동작 🔧]을 터치하여 ❷ [캔버스]를 선택한 후 ❸ [그리기 가이드]를 비활성화합니다.

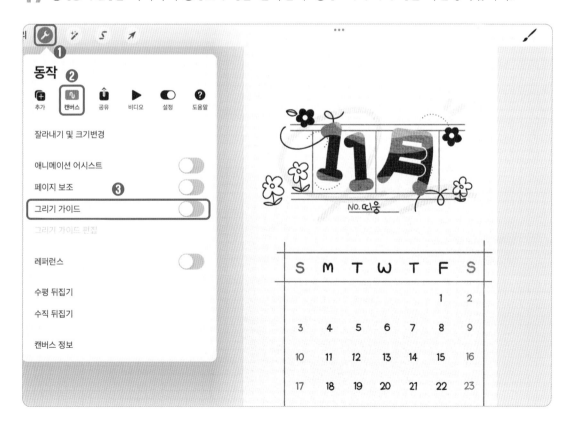

18 ❶ [레이어 ▣]를 열어 ❷ '날짜' 레이어를 선택한 채로 '**달력 테두리**' 레이어를 오른쪽으로 살짝 스와이프하여 여러 레이어를 다중 선택합니다. ❸ 이어서 [변형 ↗]을 터치하고 ❹ 달력 부분을 선택한 뒤 드래그하여 위치를 가운데로 이동시킵니다.

19 ❶ [레이어 ▣]를 열고 ❷ ➕를 터치해 새 레이어를 만들고 레이어 이름을 '**배경 꽃**'으로 변경합니다. ❸ 꽃이나 다른 요소들을 그려 넣어 자유롭게 꾸밉니다.

🖌 **브러시 설정**
종류: [띠옹] 베이직
[띠옹] 베이직
색상: 〰〰〰 #3b3b3b
크기: 2%

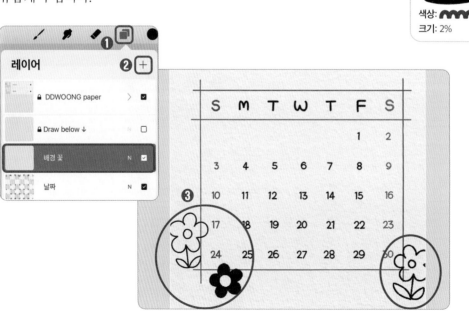

20 실습했던 타이포그래피를 활용한 나만의 달력 배경 화면이 완성되었습니다.

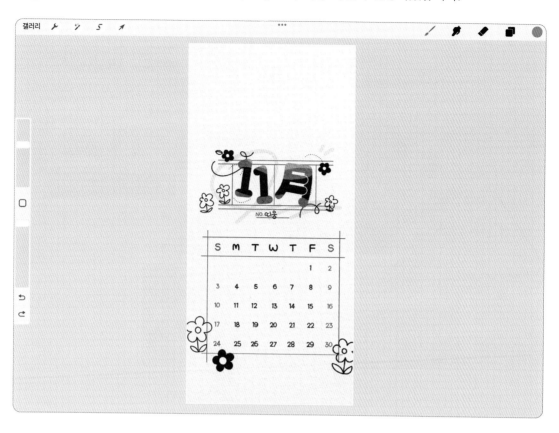

21 이제 스마트폰에 적용해 볼까요? ❶ [동작 ✦]에 들어가 ❷ [공유]를 터치한 후 ❸ [JPEG]를 선택합니다. ❹ 아이폰 사용자의 경우 에어드롭(AirDrop) 기능을 이용해 바로 스마트폰으로 공유하거나 ❺ [이미지 저장]을 한 후 메신저나 메일 등을 이용하여 스마트폰으로 그림을 전송합니다.

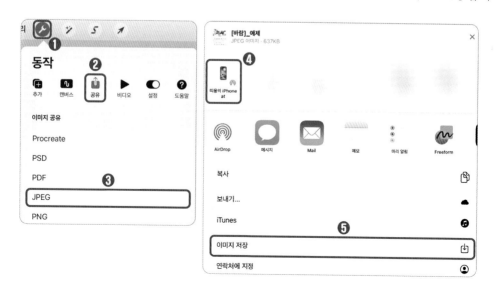

22 스마트폰의 화면 설정에서 배경 화면으로 지정하면 나만의 배경 화면 완성입니다. 지금까지의 방법을 활용해서 다른 달도 만들어 내 스마트폰의 배경 화면을 풍성하게 꾸며보세요.

태블릿 배경 화면 만들기

이번에는 앞서 만들었던 스마트폰 배경 화면 디자인을 활용해 태블릿의 배경 화면을 만들어보겠습니다. 스마트폰 배경 화면보다 훨씬 만들기 쉬우니 꼭 따라 해보세요.

01 ❶ 갤러리 화면에서 오른쪽 상단의 가져오기를 터치한 후 ❷ 실습용 파일이 저장된 경로에서 '©DDWOONG paper canvas.procreate' 파일을 가져옵니다.

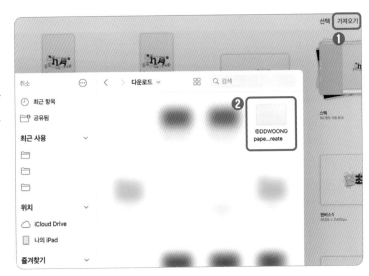

02 ❶ 종이 캔버스가 열리면 왼쪽 상단의 [갤러리]를 터치하여 갤러리 화면으로 나옵니다. ❷ 스마트폰 배경 화면을 만들었던 캔버스를 선택하여 엽니다.

03 ❶ [레이어 🔲]를 열어 ❷ '배경 꽃' 레이어부터 '11월' 그룹까지 다중 선택합니다. ❸ 애플펜슬로 선택된 레이어들을 터치한 채로 드래그하면 총 13개의 레이어가 한 번에 뭉쳐진 채로 끌어집니다. ❹ 펜을 잡지 않은 반대 손으로 [갤러리]를 터치합니다.

04 ❶ 갤러리 화면으로 나오면 처음에 열었던 '©DDWOONG paper canvas.procreate'를 손으로 터치합니다. 이때 애플펜슬은 계속 떼지 않은 채로 유지합니다. ❷ 캔버스가 열리면 [레이어 🔲] 창을 열고 ❸ 'New layer' 레이어 위에 끌어왔던 레이어들을 놓습니다.

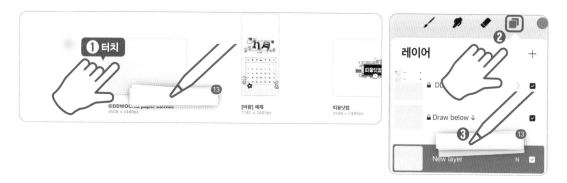

05 이미지와 같이 레이어들이 옮겨집니다.

06 이렇게 캔버스에서 캔버스로 레이어를 복사하면 기존 캔버스에서 설정되어 있던 불투명도나 클리핑 마스크 같은 효과가 해제됩니다. 그러므로 효과들이 원래 그림대로 적용될 수 있게끔 복구해 보겠습니다. ❶ '효과3' 레이어를 두 번 터치하여 ❷ [클리핑 마스크]를 선택해 기능을 켭니다. ❸ 또 다른 '효과4' 레이어도 두 번 터치하여 ❹ [클리핑 마스크] 기능을 켭니다.

07 ❶ '효과4' 레이어의 N을 터치하고 ❷ [불투명도]를 '40%'로 조정합니다. ❸ '효과3' 레이어도 N을 터치하고 ❹ [불투명도]를 '40%'로 조정합니다. ❺ 배경 레이어의 N을 터치하고 ❻ [불투명도]를 '8%'로 조정합니다.

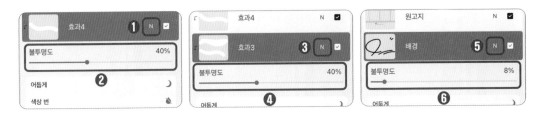

08 ❶ '배경 꽃' 레이어를 선택하고 ❷ 혹시 꽃 그림에 잘린 부분이 있다면 덧그립니다.

🖌 브러시 설정

종류: [띠웅] 베이직

[띠웅] 베이직

색상: #3b3b3b

크기: 2%

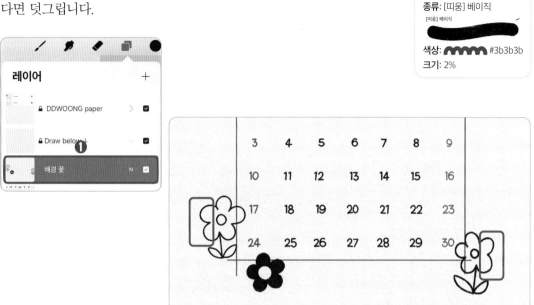

09 이제 자신의 태블릿 크기로 캔버스 사이즈를 조절해 봅시다. ❶ [동작🔧]을 터치하여 ❷ [캔버스]를 선택한 후 ❸ [잘라내기 및 크기변경]을 터치합니다. ❹ 이어서 우측 상단의 [설정]을 선택합니다. ❺ 자신의 태블릿 화면 사이즈를 입력하고 ❻ 하단의 키패드에서 [완료]를 터치합니다. ❼ 다시 설정창에서 화면 사이즈 숫자 칸 사이에 있는 링크 ∞ 아이콘을 터치합니다.

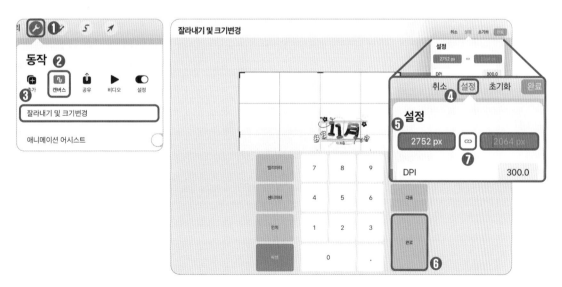

10 설정한 사이즈대로 캔버스의 크기가 변형된 것이 보입니다. ❶ 상단에 날짜와 시각이 표시될 부분을 고려하며 사각형 틀을 드래그해 그림이 가운데에 오도록 위치를 수정합니다. ❷ 우측 상단의 [완료]를 터치합니다.

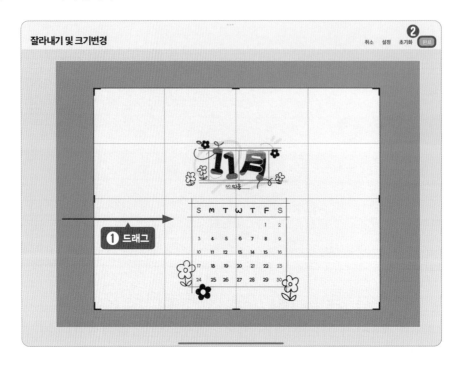

11 캔버스의 크기 변형이 완료되었습니다.

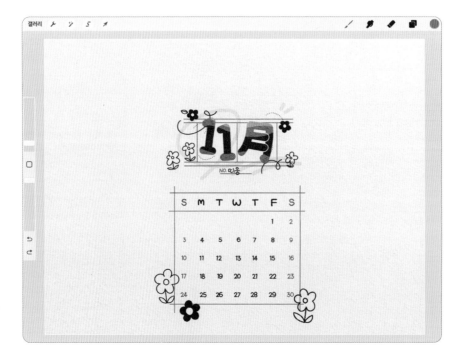

12 ❶ [동작 🔧]에 들어가 ❷ [공유]를 터치한 후 ❸ [JPEG]를 선택합니다. ❹ [이미지 저장]을 터치합니다.

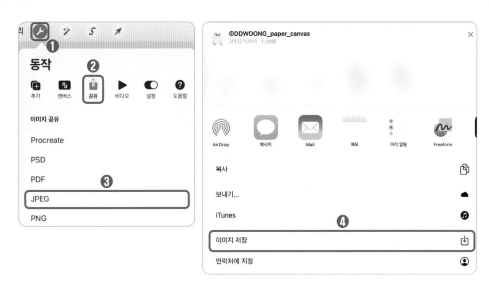

13 자신의 태블릿 화면 설정에서 해당 이미지를 배경으로 지정하면 나만의 배경 화면 완성입니다. 배운 방법을 응용해 달력이나 타이포그래피의 위치를 자유롭게 배치하여 개성 넘치는 배경 화면을 다양하게 제작해 봅시다.

사진에 타이포를 더해
예쁜 포스터 만들기

내가 찍은 사진이나 직접 그린 그림에 타이포그래피가 합쳐지면 나만의 감성이 담긴 멋진 작품으로 재탄생할 수 있지 않을까요? 이번 레슨에서는 지금껏 배운 것들을 활용해 무료 이미지 사이트에서 구한 사진에 타이포그래피와 그림을 그려 넣어 예쁜 작품을 만들어보겠습니다. 챕터 5에서 그렸던 'BRUNCH'를 활용하여 카페 홍보용 포스터를 완성해 봅시다.

◈ **사용한 팔레트명:** 포스터 만들기 팔레트.swatches

이미지 다운받고 작업한 타이포그래피 가져오기

01 먼저 무료 이미지 사이트에서 사진을 다운받아 봅시다. ❶ 사파리 브라우저로 Unsplash 사이트(https://unsplash.com/ko)에 접속해 검색 창에 'yellow waffle'을 검색합니다. ❷ 예시와 같은 이미지를 선택하면 ❸ 다운로드 ↓ 아이콘이 나타납니다. 해당 아이콘을 터치하면 ❹ 뜨는 새 창에서 [다운로드]를 터치합니다.

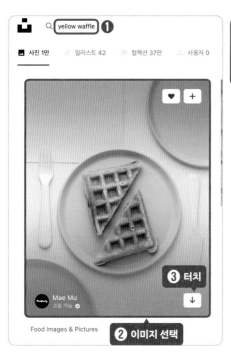

02 사진이 다운로드 완료되면 ❶ 오른쪽 상단의 ⊙ 아이콘이 움직입니다. ❷ 해당 아이콘을 터치하면 뜨는 [다운로드 항목] 팝업 메뉴에서 다운로드한 파일을 터치합니다. ❸ 우측 상단의 ⬆ 아이콘을 터치하고 ❹ 이어서 [이미지 저장]을 터치해 사진 앱에 이미지를 저장합니다. ❺ [완료]를 터치한 후 프로크리에이트를 실행합니다.

03 ❶ 프로크리에이트가 열리면 갤러리 화면 오른쪽 상단의 [사진]을 터치한 후 ❷ 다운받았던 이미지를 선택하여 엽니다.

04 이미지가 열리면 ❶ [조정🪄]을 터치해 ❷ [색조, 채도, 밝기]를 선택합니다. ❸ [채도]를 '60%'로 조정합니다. ❹ [조정🪄]을 한 번 더 터치하여 기능을 끈 후 ❺ [갤러리]를 터치해 다시 갤러리 화면으로 돌아갑니다.

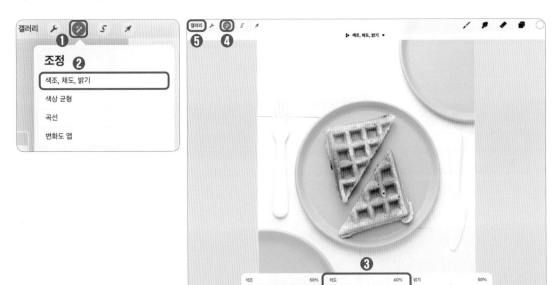

05 ❶ 챕터 5에서 실습했던 '[BRUNCH] 예제' 캔버스를 선택하여 엽니다. ❷ [레이어▣]를 열어 ❸ '글씨' 레이어를 선택하고 ❹ 밑에 있는 '**도트 선**', '**글씨 색**', '**글씨 포인트**' 레이어를 오른쪽으로 살짝 스와이프하여 모두 다중 선택합니다.

06 ❶ 선택한 레이어들을 애플펜슬로 길게 터치&드래그하면 하나로 뭉쳐집니다. ❷ 그 상태에서 다른 손으로 [갤러리]를 터치해 갤러리 화면으로 돌아갑니다. 갤러리 화면에서 ❸ 처음에 불러왔던 사진의 캔버스를 터치합니다. 이때 애플펜슬은 떼지 않고 계속 유지합니다. 캔버스가 열리면 ❹ [레이어 🖻] 창을 열고 ❺ '레이어 1' 위에 끌어왔던 레이어들을 놓고 애플펜슬을 뗍니다.

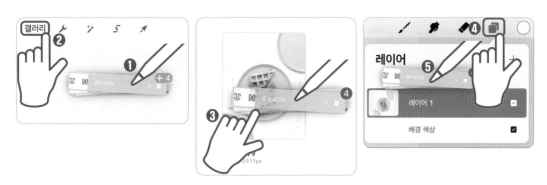

07 해제되어 있는 클리핑 마스크 기능을 원래 그림대로 적용하겠습니다. ❶ '도트 선' 레이어를 두 번 터치하여 ❷ [클리핑 마스크]를 선택합니다. ❸ 가져온 레이어들을 모두 다중 선택한 후 ❹ [그룹]으로 묶어줍니다. ❺ 생성된 '새로운 그룹'을 한 번 더 터치하고 ❻ [병합]을 선택하여 하나의 레이어로 합칩니다. ❼ 병합된 레이어의 이름이 '글씨 포인트'로 자동 변경됩니다.

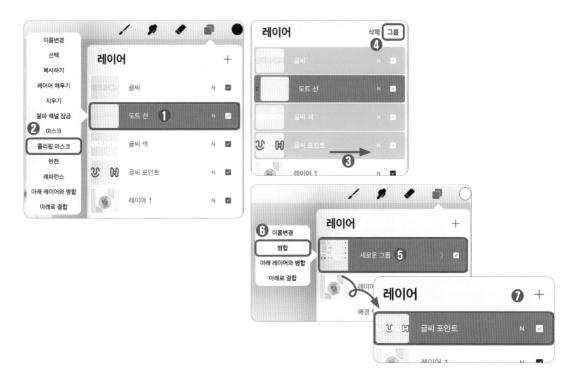

08 ❶ [변형 ✐]을 터치해서 ❷ 파란 점 ◉으로 크기를 늘리고, ❸ 드래그하여 사진 상단으로 위치를 옮깁니다.

09 타이포그래피를 포스터와 더 어울리는 색감으로 변경해 보겠습니다. ❶ [조정 ✐]을 터치하고 ❷ [색조, 채도, 밝기]를 선택합니다. ❸ [색조]를 '47%'로, [채도]를 '70%'로, [밝기]를 '56%'로 조정합니다.

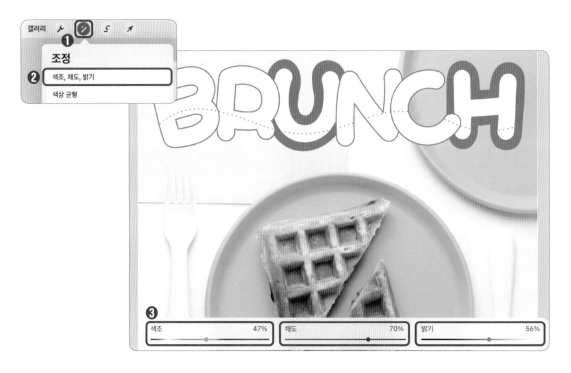

포스터 형식으로 꾸미기

10 ❶ [레이어 ]를 열고 ❷ ╋를 터치해 새 레이어를 만든 후 레이어 이름을 '**동그라미**'로 변경합니다. ❸ 해당 레이어를 '글씨 포인트' 레이어 아래로 이동시킵니다. ❹ [브러시 ✏]를 선택&설정하고 접시 테두리를 따라 바깥에 원을 그립니다.

11 ❶ [레이어 ]를 열어 ❷ '**동그라미**' 레이어의 N 을 터치하고 레이어 모드를 [**소프트 라이트**]로 변경합니다(변경하면 N 이 SI 로 바뀝니다).

12 ❶ 다시 [레이어 🗐] 열고 ❷ ➕ 를 터치해 새 레이어를 만든 후 레이어 이름을 '**꾸밈 선**'으로 변경합니다. ❸ [색상 ●]을 터치하고 ❹ 하단의 [**클래식**] 모드를 선택한 후 ❺ 색상 슬라이더를 파란색 부분으로 드래그합니다. ❻ 컬러 선택 영역에서 메인 타이포에 사용된 것과 비슷한 색을 선택합니다.

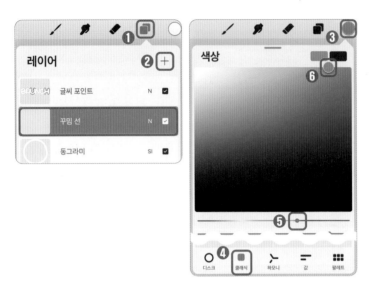

13 ❶ [브러시 ✎]를 선택하여 접시 주변에 곡선들을 그리고 ❷ 꾸밈 요소들도 자유롭게 그려 넣어봅니다.

> ✎ **브러시 설정**
> 종류: [띠옹] 베이직
> [띠옹] 베이직
> 색상: 〰〰〰 #229aff
> 〰〰〰 #ffffff
> 크기: 18%

14 ❶ 브러시 크기를 조절하고 장식 요소를 추가해 아기자기하게 꾸밉니다. ❷ 귀여운 글씨도 써 줍니다.

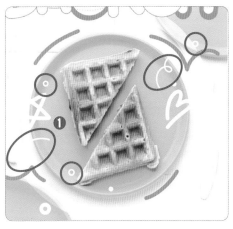

✏️ **브러시 설정**
종류: [띠옹] 베이직
[띠옹] 베이직

색상: 〰️ #229aff
〰️ #ffffff

크기: 7%

15 어울리는 색감으로 색을 바꾸어 하트 같은 요소들도 그려 넣습니다.

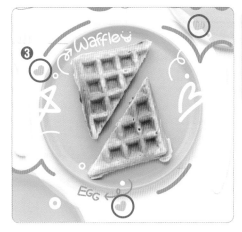

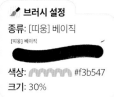

✏️ **브러시 설정**
종류: [띠옹] 베이직
[띠옹] 베이직

색상: 〰️ #f3b547

크기: 30%

16 ❶ [레이어 🗂]를 열고 ❷ ➕를 터치해 새 레이어를 만든 후 레이어 이름을 '**문구**'로 변경합니다. ❸ 오른쪽 아래에 'OPEN'을 씁니다.

✏️ **브러시 설정**
종류: [띠옹] 베이직
[띠옹] 베이직

색상: 〰️ #229aff

크기: 38%

17 'OPEN' 글자 위에 오픈 날짜도 씁니다.

🖌 브러시 설정

종류: [띠옹] 베이직

[띠옹] 베이직

색상: 〰〰〰〰 #f3b547

크기: 16%

18 ❶ [레이어▣]를 열고 ❷➕를 터치해 새 레이어를 만든 후 레이어 이름을 '위아래 선'으로 변경합니다. ❸ 포스터의 위와 아래에 반듯한 수평선을 그립니다.

🖌 브러시 설정

종류: [띠옹] 베이직

[띠옹] 베이직

색상: 〰〰〰〰 #4894f7

　　　　〰〰〰〰 #ffffff

크기: 5%

19 ❶ [동작🪄]을 터치하고 ❷ [추가]를 선택한 후 ❸ [텍스트 추가]를 선택합니다. ❹ 생성된 텍스트를 빠르게 두 번 터치하여 전체를 선택하고 ❺ 'Eina 01'이라고 표기된 부분을 터치합니다.

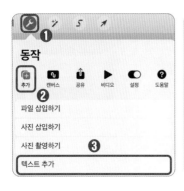

20 ❶ 서체를 'Futura'로 변경하고 ❷ 스타일은 'Bold'로 선택합니다. ❸ 왼쪽 상단의 키보드 모양 ⌨ 아이콘을 선택합니다. ❹ 키보드가 나타나면 '○○ CAFE'라고 타이핑합니다. '○○'에는 본인이 원하는 이름이나 닉네임을 넣어봅시다. ❺ 텍스트를 빠르게 두 번 터치하여 선택하고 ❻ ♪ 아이콘을 터치한 채로 글자 끝까지 드래그하여 작성한 모든 글자를 선택합니다.

21 ❶ 글자를 선택한 채로 [색상 ●]을 터치하고 ❷ [클래식] 탭의 [사용기록]에서 ❸ 조금 전에 사용했던 파란색을 선택해 글자 색을 변경합니다. ❹ [변형 ↗]을 터치하면 뜨는 ❺ 파란 점 ◉을 드래그해 글자의 크기를 줄이고, 다시 텍스트 박스 외곽을 터치&드래그해 글자의 위치를 상단에 그렸던 선 가운데로 이동시킵니다.

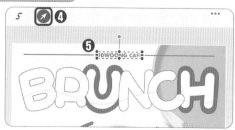

22 ❶ [레이어 📑]를 열고 ❷ '위아래 선' 레이어를 선택합니다. ❸ [지우개 ✏️]를 터치해 ❹ 글자와 겹쳐진 부분을 적절히 지웁니다.

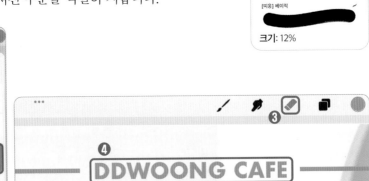

23 ❶ 다시 [레이어 📑] 창을 열고 ❷ 텍스트 레이어인 'DDWOONG CAFE'를 왼쪽으로 스와이프하여 ❸ [복제]합니다. ❹ [변형 ➚]을 터치하고 ❺ 복제한 레이어의 텍스트를 드래그하여 아래 선 가운데로 이동시킵니다. ❻ [변형 ➚]을 한 번 더 터치하여 기능을 끕니다.

24 ❶ 이동한 텍스트 박스를 터치해서 키보드가 나타나면 원래 텍스트 대신 'GRAND OPEN'을 타이핑합니다. ❷ 텍스트를 빠르게 두 번 터치하고 ❸ ⬙ 아이콘을 터치한 채 끝까지 드래그하여 작성한 모든 글자를 선택합니다. ❹ 글자를 선택한 채로 [색상 ●]을 터치하고 ❺ [사용기록]에서 조금 전에 사용했던 하얀색을 선택해 글자 색을 변경합니다.

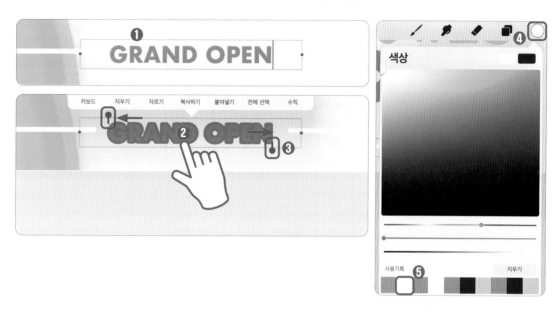

25 ❶ [레이어 🗐] 창을 열고 ❷ '위아래 선' 레이어를 선택합니다. ❸ [지우개 ✐]를 터치해 ❹ 글자와 겹쳐진 부분을 지웁니다.

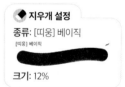

◆ **지우개 설정**
종류: [띠웅] 베이직
[띠웅] 베이직

크기: 12%

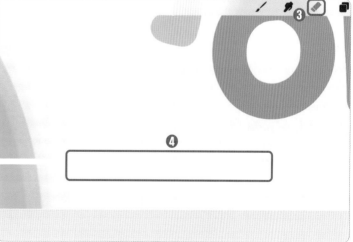

26 ❶ 왼쪽 상단의 [갤러리]를 터치해 갤러리 화면으로 돌아갑니다. ❷ 갤러리 화면에서 '[BRUNCH] 예제' 캔버스를 터치합니다. ❸ 해당 캔버스에서 [레이어 🔲]를 열어 ❹ '크래커' 레이어를 먼저 선택한 후 ❺ 밑에 있는 '아보카도'와 '햄버거' 레이어를 오른쪽으로 살짝 스와이프하여 다중 선택합니다.

27 ❶ 선택한 레이어들을 애플펜슬로 길게 터치&드래그한 후 하나로 뭉쳐지면 ❷ 다른 손으로 [갤러리]를 터치해 현재 캔버스를 벗어납니다. 갤러리 화면으로 나와서 다시 ❸ 포스터를 그리던 캔버스를 손으로 터치합니다. 이때 애플펜슬은 계속 떼지 않고 유지합니다. ❹ [레이어 🔲]를 열고 ❺ '글씨 포인트' 레이어 아래에 끌어왔던 레이어들을 놓습니다.

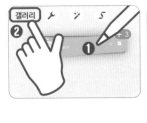

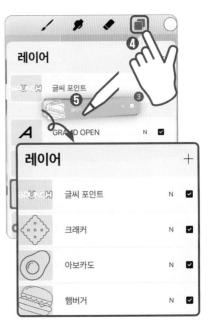

28 ❶ '크래커' 레이어를 선택하고 ❷ [변형 ⬈]을 터치해서 ❸ 파란 점◉을 선택해 크기를 키우고 ❹ 박스 외곽을 터치&드래그하여 그림의 위치가 예제와 같도록 이동시킵니다. ❺ '아보카도'와 '햄버거' 레이어도 [변형 ⬈]을 선택해 크기와 위치를 각각 수정합니다.

29 ❶ [레이어 🗖] 창을 열고 ❷ '크래커' 레이어부터 '햄버거' 레이어까지 꼬집듯이 모아서 하나의 레이어로 합칩니다.

30 ① [조정🔧]에 들어가 ② [색조, 채도, 밝기]를 선택합니다. ③ [밝기]를 '최대(100%)'로 조정합니다. 합쳐진 레이어의 그림이 모두 흰색으로 변합니다.

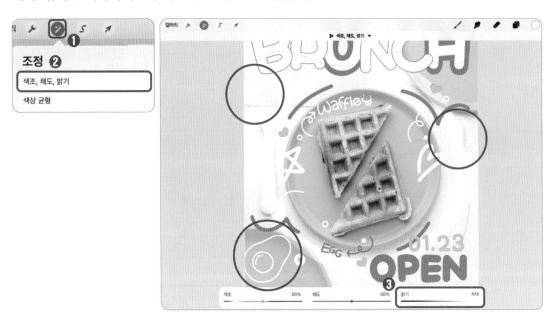

31 [조정🔧]을 한 번 더 터치하여 기능을 꺼주면 실습했던 'BRUNCH' 타이포그래피를 이용한 카페 오픈 홍보 포스터 완성입니다.

LESSON 03

먼슬리 플래너와 디지털 스티커 만들기

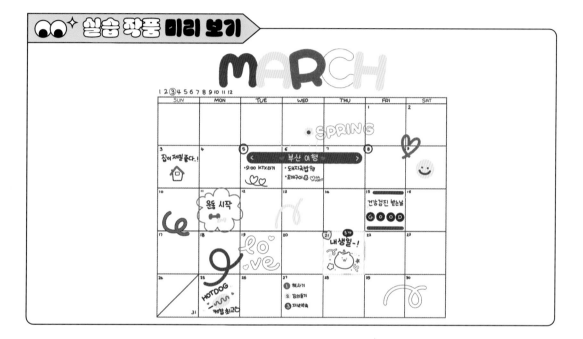

'다이어리 꾸미기' 줄여서 '다꾸' 좋아하시는 분들 계실까요? 프로크리에이트를 활용하면 플래너와 디지털 스티커도 만들 수 있습니다. 이번 레슨에서는 나만의 디지털 문구를 만들어 다꾸를 해봅시다. 만드는 데서 그치지 않고 완성한 플래너와 스티커를 굿노트 앱에서 활용할 수 있는 방법도 알려드릴 예정이니 끝까지 함께해 주세요.

◇ **실습용 파일명:** 알파벳.jpg, 먼슬리 플래너.procreate

◇ **사용한 팔레트명:** 먼슬리 플래너 팔레트.swatches

디지털 스티커 만들기

01 ① 갤러리 화면에서 ➕ 아이콘을 터치한 후 ② 이어서 ▬ 아이콘을 터치해 새로운 캔버스를 생성하겠습니다. ③ [너비] '3508px', [높이] '2480px', [DPI]는 '300'으로 입력한 다음 [색상 프로]을 선택하고 [RGB] 모드의 [Display P3]로 선택되어 있는지 확인한 후 ④ [창작]을 터치합니다.

02 ① [동작 🔧]을 터치하여 ② [추가]를 선택한 후 ③ [파일 삽입하기]를 터치합니다. ④ 다운받은 예제 파일 중 '알파벳.jpg'를 선택해 가져옵니다.

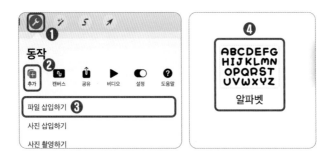

03 ① [레이어 ▤]를 열어 ② 불러온 알파벳 이미지인 '레이어 1'의 N 을 터치하고 ③ [불투명도]를 '20%'로 조정합니다. ④ ➕를 터치해 새 레이어를 만든 후 레이어 이름을 '알파벳 스티커'로 변경합니다.

04 [브러시 ✏]를 터치하고 베이직 브러시와 아웃라인-대 브러시를 설정해 밑그림을 따라 알파벳을 씁니다. 원하는 색상으로 자유롭게 따라 써봅시다.

05 ❶ [레이어 🗇]를 열어 ❷ '레이어 1'과 '배경 색상' 레이어가 화면상에서 보이지 않도록 체크를 해제(☑→☐)합니다.

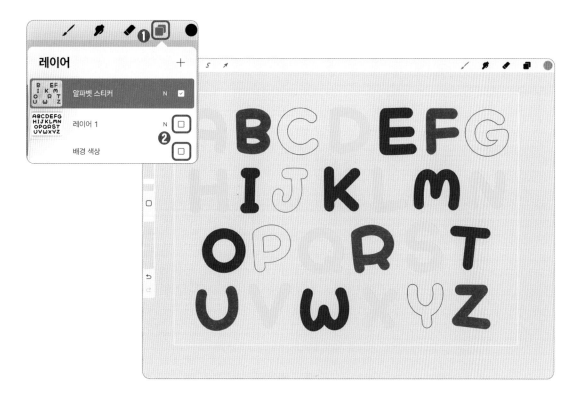

06 ❶ [동작 🔧]에 들어가 ❷ [공유]를 터치한 후 ❸ 배경을 투명하게 저장하기 위해 [PNG]를 선택합니다. ❹ [이미지 저장]을 선택해서 사진 앱에 저장합니다.

먼슬리 플래너 만들기

07 ❶ 갤러리 화면에서 오른쪽 상단의 [가져오기]를 터치한 후 ❷ 예제 파일을 저장해 둔 경로에서 '먼슬리 플래너.procreate' 파일을 가져옵니다.

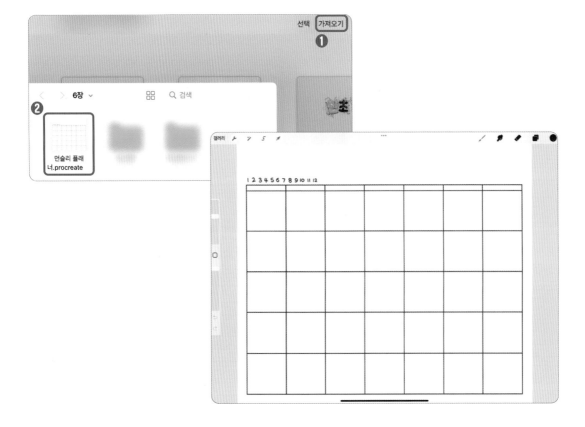

08 ❶ [동작 🔧]을 터치하여 ❷ [추가]를 선택한 후 ❸ [사진 삽입하기]를 터치합니다. ❹ 방금 만들었던 알파벳 스티커를 불러옵니다.

09 이미지가 열리면 [변형 ✈]을 터치하고 그림의 위치를 플래너의 가로선보다 조금 내려가도록 살짝 아래로 이동시켜 주세요.

10 이번 실습에서는 3월(MARCH)의 플래너를 만들어보겠습니다. 3월이 아닌 다른 월로 자유롭게 바꾸어도 됩니다. ❶ [선택 ⑤]을 터치하고 ❷ 하단에 뜬 팝업 메뉴에서 [직사각형]을 선택합니다. ❸ 직사각형 선택 도구로 'M' 부분을 드래그하여 선택 영역을 지정합니다. ❹ 'M'이 지정된 상태에서 하단의 메뉴 팝업에서 [추가]가 활성화되어 있는지 확인한 후 ❺ 'A' 부분도 선택하여 지정합니다. 이렇게 하면 'M'과 'A'가 한 번에 선택됩니다.

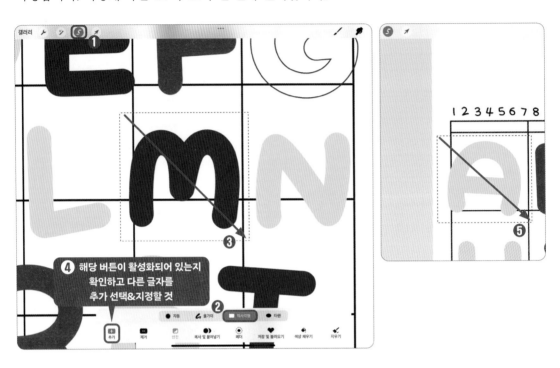

11 이어서 'R', 'C', 'H' 부분도 같은 방법으로 선택 영역을 지정합니다.

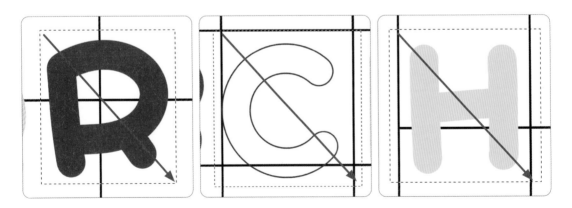

12 'M', 'A', 'R', 'C', 'H' 다섯 글자가 선택된 채로 하단의 [복사 및 붙여넣기]를 선택합니다.

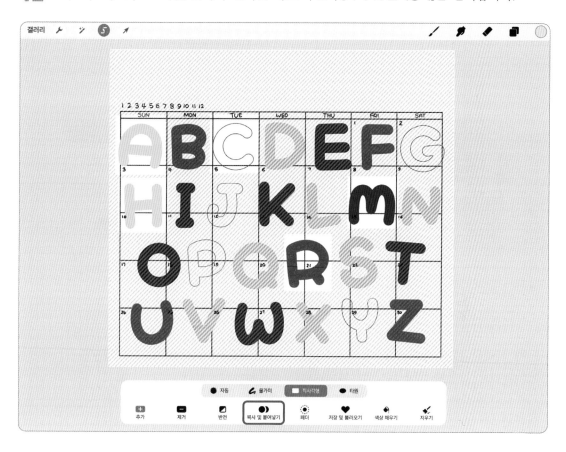

13 ❶ [레이어 📑]를 열면 ❷ 선택한 글자만 '선택 영역에서'라는 레이어로 분리된 채 복사된 것이 보입니다. ❸ '삽입한 이미지' 레이어를 화면에서 보이지 않도록 체크를 해제(☑→☐)합니다.

14 ❶ 선택 영역에서 레이어의 이름을 'march'로 변경합니다. 이제 각 글자들의 위치를 이동합니다. ❷ [선택⑤]을 터치하고 ❸ 'M' 부분만 드래그하여 선택합니다. ❹ 선택한 채로 [변형↗]을 터치하고, ❺ 드래그하여 플래너 상단의 빈 공간으로 이동시킵니다. ❻ 적당한 곳에 배치한 후 [변형↗]을 한 번 더 터치하여 기능을 끕니다.

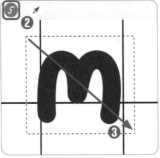
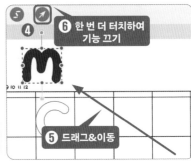

15 ❶ 다시 [선택⑤]을 터치한 후 ❷ 'A' 부분만 드래그하여 선택합니다. ❸ 선택한 채로 [변형↗]을 터치하고 ❹ 'M' 옆으로 이동시킵니다. ❺ 배치를 완료한 후 마찬가지로 [변형↗]을 한 번 더 터치하여 기능을 끕니다.

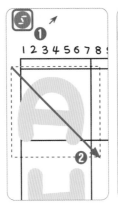
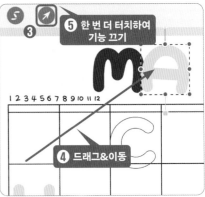

16 같은 방식으로 'R', 'C', 'H'도 이동시키고, 각도 등을 변형하여 보기 좋게 배치된 'MARCH'를 완성합니다.

17 ❶ [레이어 ] 창을 열어 ❷ ➕를 터치해 새 레이어를 만든 후 레이어 이름을 '요일'로 변경합니다. ❸ 플래너 상단의 빈칸에 요일을 써줍니다. 토요일과 일요일은 눈에 띄도록 각각 빨간색과 파란색으로 씁니다.

✏️ **브러시 설정**
종류: [띠웅] 베이직
[띠웅] 베이직
색상: #3b3b3b
#d42d1f
#1f4897
크기: 2%

18 ❶ [레이어 ] 창을 열어 ❷ ➕를 터치해 새 레이어를 만든 후 레이어 이름을 '날짜'로 변경합니다. ❸ 요일 밑의 칸마다 3월의 날짜를 적습니다.

✏️ **브러시 설정**
종류: [띠웅] 베이직
[띠웅] 베이직
색상: #3b3b3b
크기: 2%

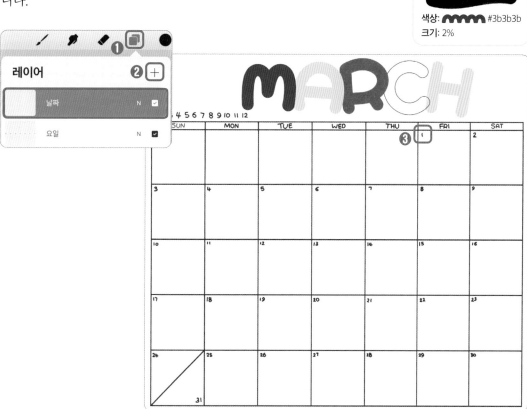

19 ① [레이어 ]를 열어 ② 배경 색상을 제외한 모든 레이어들을 다중 선택하고 ③ [그룹] 버튼을 터치해 하나의 그룹으로 묶습니다. ④ 그룹을 한 번 더 터치하면 뜨는 팝업 메뉴에서 [이름변경]을 선택하여 그룹의 이름을 '3월'로 변경합니다.

20 ① '3월' 그룹을 왼쪽으로 스와이프하여 ② [복제]합니다. ③ 복제한 그룹의 이름을 '4월'로 변경합니다.

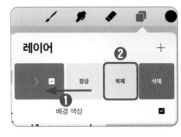

21 ① [동작 ✦]을 터치하여 ② [캔버스]를 선택한 후 ③ [페이지 보조]를 활성화합니다. ④ 캔버스 하단에 '페이지 보조' 창이 생긴 것이 보입니다. 해당 창에서는 한 그룹이 한 페이지로 보입니다. 다른 그룹이 보이지 않도록 체크를 해제하지 않아도 [레이어 ■]에서 보고 싶은 그룹을 선택하거나 페이지 보조 창에서 페이지 섬네일을 터치 또는 스와이프하면 화면에 해당 그룹만 보입니다. ⑤ [레이어 ■]를 열어 ⑥ 4월 그룹을 펼칩니다. ⑦ '날짜' 레이어와 'MARCH'를 만든 'march' 레이어를 다중 선택하고 ⑧ [삭제]합니다.

22 3월에 이어서 4월(APRIL) 플래너를 만들어보겠습니다. ❶ '4월' 그룹에서 '삽입한 이미지' 레이어의 체크를 활성화(⬜→☑)하여 화면에 보이도록 합니다. ❷ '삽입한 이미지' 레이어가 선택된 채로 [선택 ⌿]을 터치하여 ❸ 직사각형 도구로 'A', 'P', 'R', 'I', 'L' 글자를 드래그하여 선택합니다. ❹ 하단의 [복사 및 붙여넣기]를 선택합니다.

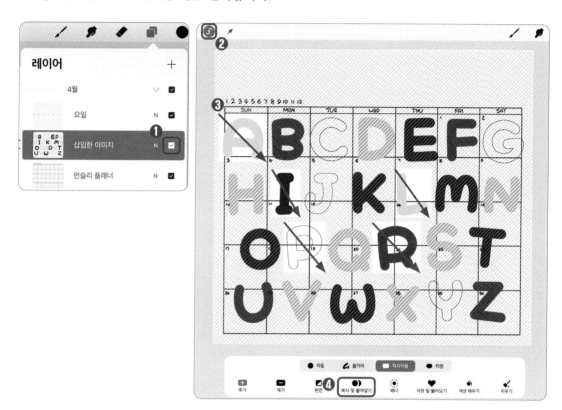

23 ❶ [레이어 ▣] 창을 열면 선택했던 글자들만 분리되어 '선택 영역에서'라는 레이어로 복사된 것이 보입니다. ❷ '삽입한 이미지' 레이어가 화면에서 보이지 않도록 체크를 해제(☑→⬜)합니다. ❸ '선택 영역에서' 레이어의 이름을 'april'로 변경합니다.

24 이제 각 글자들을 이동시켜 예쁘게 배치해 보겠습니다. ❶ [선택 ⟲] 을 터치하고 ❷ 'A' 부분만 선택합니다. ❸ 선택한 채로 [변형 ↗]을 터치하고 ❹ 드래그하여 플래너 상단의 빈 공간으로 이동시킵니다. ❺ 적당한 곳에 배치를 완료한 후 [변형 ↗]을 한 번 더 터치하여 기능을 끕니다.

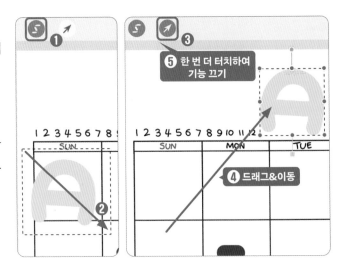

25 ❶ 다시 [선택 ⟲]을 터치하고 ❷ 이번에는 'P' 부분만 드래그하여 선택합니다. ❸ 선택한 채로 [변형 ↗]을 터치하고 ❹ 'A' 옆으로 이동시킵니다. ❺ 마찬가지로 배치를 완료한 후 [변형 ↗]을 한 번 더 터치하여 기능을 끕니다.

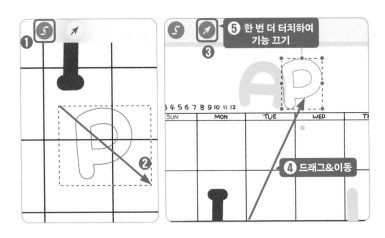

26 같은 방식으로 'R', 'I', 'L'도 옮겨서 'APRIL'을 완성합니다.

27 ❶ [레이어 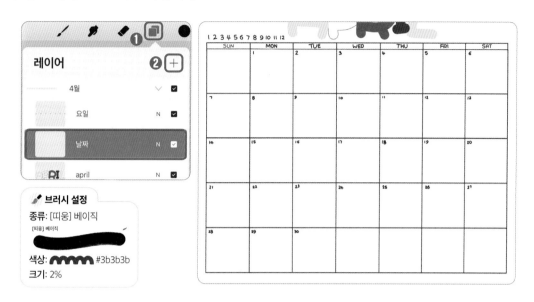]를 열어 ❷ ➕를 터치해 새 레이어를 만든 후 레이어 이름을 '**날짜**'로 변경합니다. ❸ 칸마다 4월 날짜를 적습니다.

28 이와 같은 작업을 반복해서 1월에서 12월까지 그룹을 생성해 먼슬리 플래너를 만듭니다.

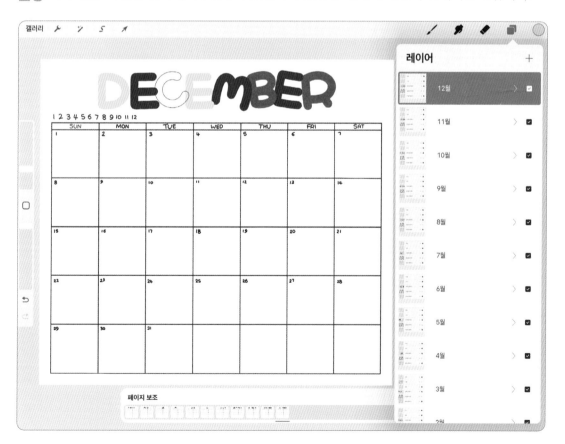

29 이제 다이어리의 표지를 만들어볼까요? **❶** ➕를 터치해 새 레이어를 만든 후 레이어 이름을 '표지'로 변경합니다. **❷** 전체 레이어들 중 가장 아래에 위치하도록 이동시킵니다. 캔버스 하단의 '페이지 보조' 화면을 보면 '표지' 레이어가 가장 첫 번째 페이지에 위치한 것을 알 수 있습니다.

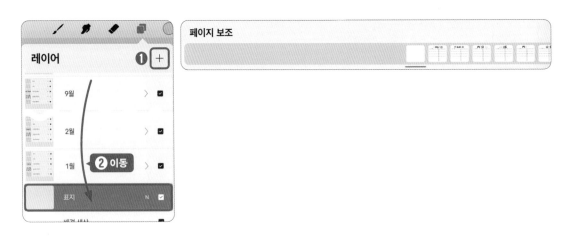

30 원하는 대로 다이어리의 표지를 그리고 꾸밉니다.

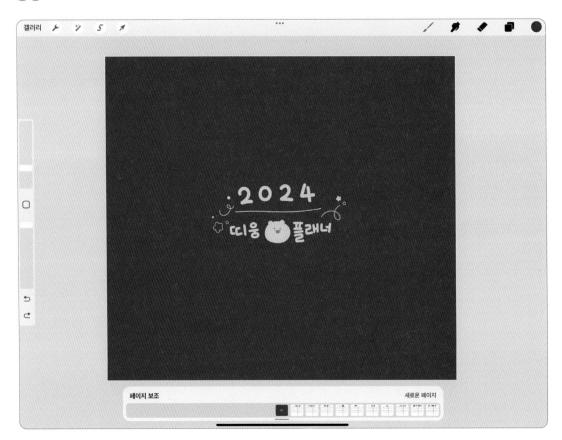

☀ 주의!

'표지' 레이어에 다른 레이어를 추가해 꾸미
고 싶을 경우에는 기존의 레이어와 새로 추
가한 레이어를 반드시 [그룹]으로 묶어주어
야 '페이지 보조' 창에서도 하나의 페이지로
보입니다. 그러니 표지를 그릴 때 복수의
레이어를 생성해 그리고 싶다면, 반드시 그
룹으로 묶는 것을 잊지 마세요!

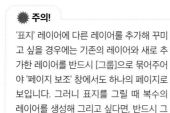

31 이제 다이어리를 꾸며볼까요? ❶ 원하는 달의 그룹을 열고 ❷ ➕를 터치해 새 레이어를 만
든 후 레이어 이름을 '내용'으로 변경합니다. ❸ 새로 만든 레이어가 '날짜' 레이어 아래에 위치하
도록 이동시킵니다. ❹ 자, 이제 다이어리 속지를 마음대로 꾸며봅시다.

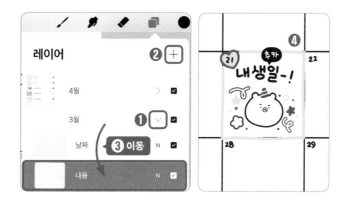

32 이렇게 자유롭게 다이어리를 꾸며서 먼슬리 플래너를 완성합니다. 함께 제공해 드린 스티
커 파일을 활용해 색상을 바꿔가며 자유롭게 다꾸해 보세요.

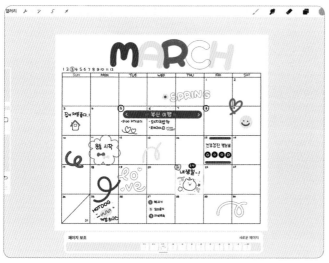

☀️ 주의!

원하는 스티커를 선택하고 하단의 [복사 및 붙여넣기]를 선택하지 않고 사용하면
다음 이미지와 같이 원본 자체가 훼손되어 이 캔버스상에서는 해당 스티커를 더
이상 사용할 수 없게 됩니다. 계속해서 스티커 이미지를 사용할 수 있도록 이미지
를 잘라 사용할 때는 반드시 하단의 [복사 및 붙여넣기]를 선택해 주세요.

굿노트에서 활용하기

33 플래너를 저장하기 위해 '내용' 레이어를 화면상에서 보이
지 않도록 체크를 해제(☑→☐)합니다.

34 ❶ [동작🔧]을 터치하여 ❷ [공유]에서 ❸ [레이어 공유]의 [PDF]를 선택합니다. ❹ PDF 품질
은 [최상]으로 선택하고 ❺ [파일에 저장]을 터치합니다. ❻ 저장하고 싶은 위치를 선택하고 '먼슬
리 플래너'라는 이름을 지정한 후 ❼ [저장]을 터치합니다.

35 굿노트를 실행합니다. ❶ +를 터치하고 ❷ [불러오기]를 선택합니다. 프로크리에이트에서 저장했던 ❸ '먼슬리 플래너' PDF 파일을 선택하고 ❹ [열기]를 터치합니다.

36 직접 만든 먼슬리 플래너가 새 노트로 생성되었습니다. 왼쪽 상단의 ⊞ 아이콘을 터치하면 월별 플래너가 순서대로 보입니다.

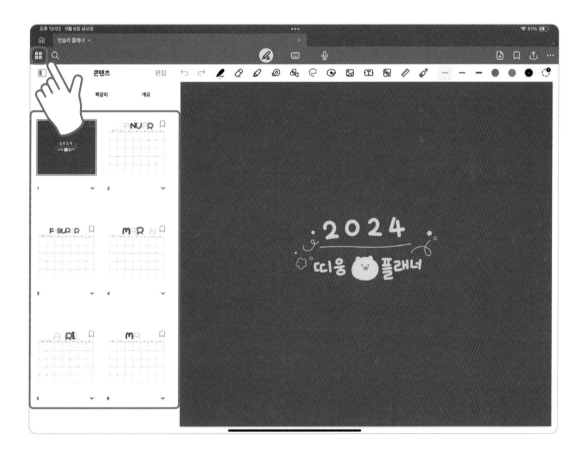

05 ❶ 상단의 메뉴에서 그림🖼 아이콘을 두 번 터치한 후 ❷ 만들었던 알파벳 스티커 이미지를 터치합니다. 불러오기가 완료된 후 ❸ 이미지를 한 번 더 터치하면 나오는 팝업 메뉴 창에서 ❹ [자르기]를 선택합니다. 자르기 창이 열리면 ❺ 하단의 [Freehand]로 바꾼 후 ❻ 원하는 부분을 선택하고 ❼ [완료]를 터치합니다.

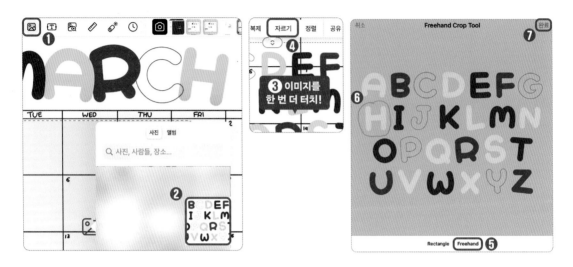

06 ◎ 아이콘을 터치한 채 드래그하면 크기를 변형하거나 회전시킬 수 있습니다. 자유롭게 조정한 후 원하는 곳에 배치합니다. 이렇게 굿노트에서도 나만의 플래너를 이용해 다이어리 꾸미기를 해봅시다.

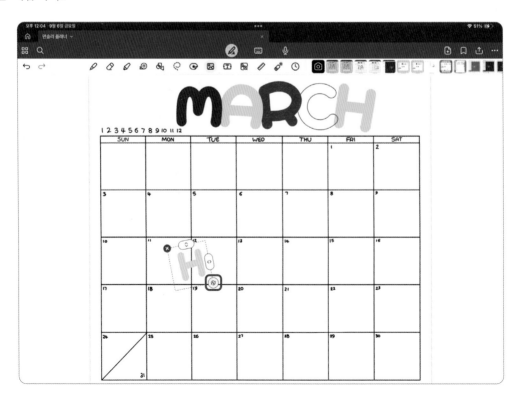

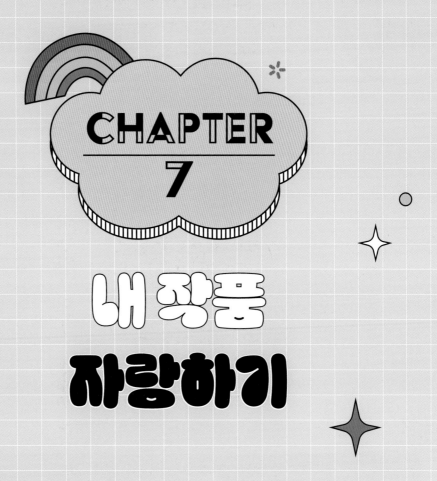

CHAPTER 7

내 작품 자랑하기

LESSON 01

업로드할 곳에 적합한 포맷으로 만들기

챕터 1에서 RGB와 CMYK의 차이에 대해 간단히 짚어봤던 것 기억하시나요? 웹이나 SNS에 게시할 때는 RGB를, 포스터나 스티커 같은 인쇄물을 만들 때는 CMYK 색상 모드를 선택해서 작업해야 한다고 알려드렸습니다. 이번 챕터에서는 직접 SNS용과 인쇄용 작업물을 만들며 두 색상 모드의 차이점에 대해 좀 더 깊이 알아보고 제가 SNS에 업로드하는 방식과 꿀팁도 소개하겠습니다.

SNS용 포맷으로 이미지 만들고 업로드하기

우리가 가장 많이 사용하는 SNS인 인스타그램에 업로드할 포맷을 만들어보겠습니다. 인스타그램의 게시물은 1:1의 정사각형, 4:5의 직사각형, 1.91:1의 와이드 비율로 업로드할 수 있습니다. 가장 이상적인 사이즈는 1:1 비율의 1080px × 1080px, 4:5 비율의 1080px × 1350px, 1.91:1 비율의 1080px × 566px입니다. 그럼 실습했던 디자인을 인스타그램에 맞는 사이즈로 변경해 업로드해 볼까요?

01 ❶ 갤러리 화면에서 ➕ 아이콘을 터치한 후 ❷ 🗂 아이콘을 터치해 새로운 캔버스를 만들어줍니다. ❸ [너비] '1080px', [높이] '1080px', [DPI]는 '300'으로 입력합니다. ❹ 이어서 오른쪽의 메뉴에서 [색상 프로필]을 터치하고 ❺ 색상 모드가 [RGB]에서 ❻ [Display P3]로 선택되어 있는지 확인한 후 ❼ [창작]을 터치합니다.

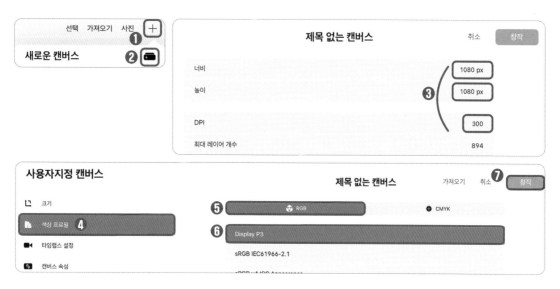

02 ❶ 캔버스가 생성되면 왼쪽 상단의 [갤러리]를 터치해 갤러리 화면으로 돌아갑니다. ❷ 챕터 3에서 실습했던 '커피 그리기 예제' 캔버스를 엽니다. ❸ 캔버스가 열리면 [레이어 🗂]에 들어가 ❹ '컵' 레이어를 두 번 터치한 후 ❺ [복사하기]를 선택하고 다시 [갤러리]를 눌러 갤러리 화면으로 돌아갑니다.

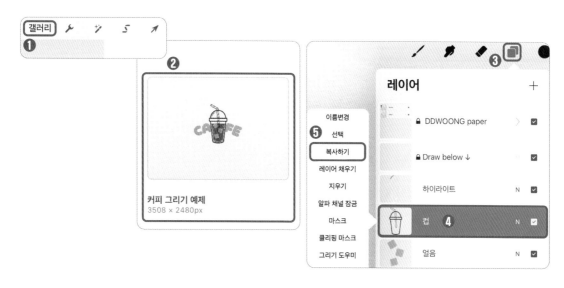

03 ❶ 처음에 생성했던 새 캔버스를 터치해 엽니다. ❷ 화면을 세 손가락으로 위에서 아래로 쓸어내리면 [복사 및 붙여넣기] 메뉴 탭이 나타납니다. ❸ 오른쪽의 [붙여넣기]를 터치하면 ❹ 복사했던 이미지(레이어)가 붙여 넣어집니다.

 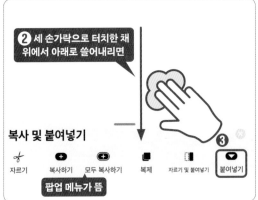 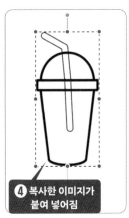

04 이미지를 붙여넣으면 자동으로 [변형 ✎] 도구가 선택됩니다. 이때 하단에 뜬 메뉴에서 ❶ [균등]을 선택하고 ❷ 파란 점◉을 이용해 캔버스를 적당히 채울 정도로 이미지 크기를 키우고, ❸ 초록 점◉을 회전시켜 예제와 같은 형태로 조정합니다. 그리고 ❹ [레이어 ▣]를 열어 ❺ 붙여 넣은 '레이어1'의 이름을 '컵'으로 변경합니다.

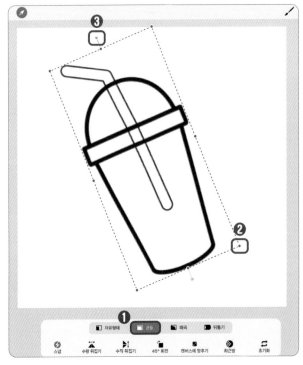 

05 ❶ [색상●]을 터치하고 ❷ 하단에서 [클래식] 모드를 선택한 후 ❸ 색상 슬라이더를 파란색 쪽으로 드래그합니다. ❹ 컬러 피커 영역에서 예제와 비슷한 색상을 선택합니다. ❺ [색상●]을 드래그해 컵을 그린 선의 색상을 파란색으로 바꿉니다.

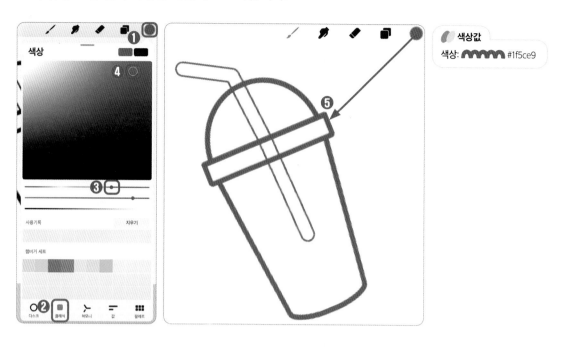

🎨 **색상값**
색상: 〰〰〰 #1f5ce9

06 ❶ [레이어🗇]를 터치하고 ❷ '배경 색상' 레이어를 선택합니다. 배경 창이 나타나면 ❸ 색상 슬라이더를 민트색 쪽으로 드래그합니다. ❹ 컬러 피커 영역에서 예제와 비슷한 색상을 선택하고 ❺ [완료]합니다.

🎨 **색상값**
색상: 〰〰〰 #60eebb

07 ❶ ➕를 터치해 새 레이어를 만든 후 레이어 이름을 '테두리'로 변경합니다. ❷ 새로 만든 레이어를 '컵' 레이어 아래로 이동시킵니다. ❸ 컵 이미지의 테두리를 따라 흰색 테두리를 그립니다. ❹ 뚜껑에도 포인트로 흰색을 칠합니다.

✏️ **브러시 설정**
종류: [띠옹] 베이직
[띠옹] 베이직
색상: 〰〰〰〰 #ffffff
크기: 10%

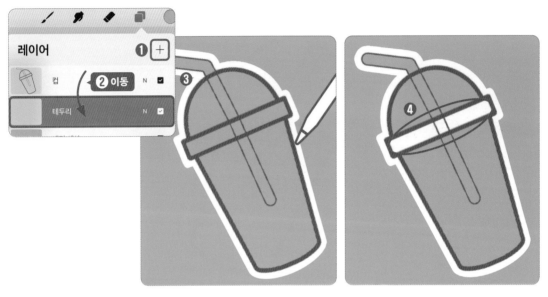

08 ❶ [레이어 🗐]를 터치하고 ❷ ➕를 터치해 새 레이어를 만든 후 레이어 이름을 '글씨'로 변경합니다. ❸ 새로 만든 레이어를 '테두리' 레이어 아래로 이동시킵니다. ❹ 캔버스 배경 부분에 'CAFE'라는 글자를 씁니다.

✏️ **브러시 설정**
종류: [띠옹] 베이직
[띠옹] 베이직
색상: 〰〰〰〰 #1f5ce9
크기: 25%

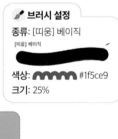

09 ❶ [레이어 🗐]를 터치하고 ❷ '글씨' 레이어를 한 번 더 터치한 후 ❸ [알파 채널 잠금]을 선택합니다. ❹ 컵과 겹친 글씨 부분을 흰색으로 칠합니다.

🖌 브러시 설정
종류: [띠웅] 베이직
[띠웅] 베이직
색상: #ffffff
크기: 25%

10 ❶ [레이어 🗐]를 터치하고 ❷ ＋를 터치해 새 레이어를 만든 후 레이어 이름을 '꾸밈 요소'로 변경합니다. ❸ 컵과 글씨 주변에 예제처럼 하이라이트와 꾸밈 요소들을 그립니다.

🖌 브러시 설정
종류: [띠웅] 베이직
[띠웅] 베이직
색상: #1f5ce9
#ffffff
크기: 5%

11 ❶ [동작🔧]에서 ❷ [공유]를 터치한 후 ❸ [JPEG]를 선택합니다. 새로 뜬 창에서 ❹ 에어드롭(AirDrop)을 이용해 스마트폰으로 이미지를 전송하거나 ❺ [이미지 저장]을 터치하여 사진첩에 저장합니다.

12 이제 인스타그램에 업로드해 볼까요? 인스타그램을 켜고 ❶ 하단의 ⊕를 선택합니다. ❷ [게시물]을 터치하고 ❸ 사진첩에서 프로크리에이트로 그렸던 그림을 선택하고 ❹ 다음을 눌러 앱의 지시에 따라 적절한 문구나 해시태그를 작성한 후 업로드를 완료합니다.

13 인스타그램에 딱 맞는 사이즈의 이미지를 그리고 업로드까지 완료했습니다!

인쇄용 포맷으로 이미지 만들고 실물 제작하기

종이로 만들 수 있는 작품에는 포스터, 엽서, 스티커 등이 있습니다. 이번에는 이전 챕터에서 만들었던 'BRUNCH' 포스터를 인쇄용 포맷으로 변경하고, 실제로 업체에 주문해서 포스터로 제작하는 방법을 알아보겠습니다.

01 이번 실습에서는 **레드프린팅 앤 프레스**(https://www.redprinting.co.kr/ko)라는 업체를 통해 포스터를 주문해 보겠습니다. **❶** 먼저 해당 업체 홈페이지에 들어가 회원 가입을 하고 로그인합니다. **❷** 상단의 메뉴 중 [홍보물]에서 **❸** [종이 포스터]를 선택합니다. **❹** 먼저 주문서 작성 페이지의 '**규격**' 부분에서 사이즈를 확인해 봅시다. 재단 사이즈와 작업 사이즈가 서로 '4mm' 정도 차이 나는 것을 확인할 수 있습니다. 프로크리에이트에서 캔버스 크기를 '작업 사이즈'로 작업하면 실제로 인쇄되는 크기는 '재단 사이즈'가 되는 것입니다.

02 이제 프로크리에이트를 열어봅시다. ❶ 갤러리 화면에서 ✛ 아이콘을 터치한 후 ❷ 🖿 아이콘을 터치해 새로운 캔버스를 만듭니다. ❸ 단위를 **밀리미터**로 변경한 후 ❹ [너비] '284mm', [높이] '354mm', [DPI]는 '300'으로 입력합니다. ❺ 왼쪽의 메뉴에서 [색상 프로필]을 터치하고 ❻ [CMYK]에서 ❼ [Generic CMYK Profile]을 선택한 후 ❽ [창작]을 터치합니다.

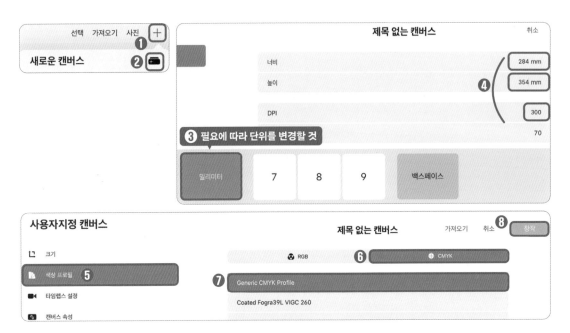

03 ❶ 캔버스가 생성되면 왼쪽 상단의 [갤러리]를 터치해 갤러리 화면으로 돌아갑니다. ❷ 챕터 6에서 실습했던 'brunch 포스터' 캔버스를 엽니다. ❸ 캔버스가 열리면 왼쪽 상단의 [동작 🖊]에서 ❹ [추가]를 선택한 후 ❺ [캔버스 복사]를 선택합니다.

04 ❶ 다시 갤러리로 돌아가 처음에 생성했던 새 캔버스를 엽니다. ❷ 화면을 '세 손가락'으로 위에서 아래로 쓸어내리면 [복사 및 붙여넣기] 팝업 메뉴가 나타납니다. ❸ 맨 오른쪽의 [붙여넣기]를 터치하면 복사했던 포스터가 붙여 넣어집니다. ❹ 하단의 [캔버스에 맞추기]를 터치하여 캔버스에 딱 맞는 크기로 조정합니다.

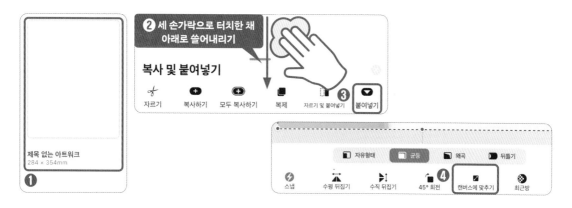

05 ❶ [조정 🪄]에 들어가 ❷ [색조, 채도, 밝기]를 선택합니다. ❸ [채도]를 '60%'로 조정합니다. RGB 파일을 CMYK로 가져오면서 채도가 낮아졌기 때문에 채도를 임의로 높이는 과정을 반드시 거쳐야 합니다.

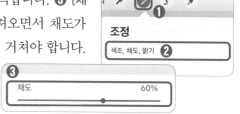

06 ❶ [동작 🔧]을 터치하여 ❷ [공유]에서 ❸ [PDF]를 선택합니다. ❹ PDF 품질을 [최상]으로 선택하고 ❺ [파일에 저장]을 터치합니다. ❻ 저장하고 싶은 위치를 선택하고 이름을 '브런치 포스터'로 변경한 후 ❼ [저장]을 터치합니다.

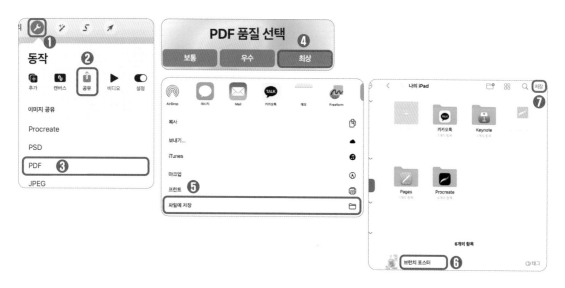

07 다시 레드페인팅 홈페이지로 가서 원하는 용지 종류나 인쇄 옵션을 고른 후 ❶ '규격'의 선택 항목을 [사이즈직접입력]으로 변경하고, ❷ 재단 사이즈를 가로 '280', 세로 '350'으로 입력합니다. ❸ 주문 제목은 '브런치 포스터'로 입력한 후 ❹ 파일 업로드의 [+]를 터치하여 ❺ '브런치 포스터.pdf' 파일을 선택해 업로드합니다. ❻ [주문하기]를 선택하고 결제합니다.

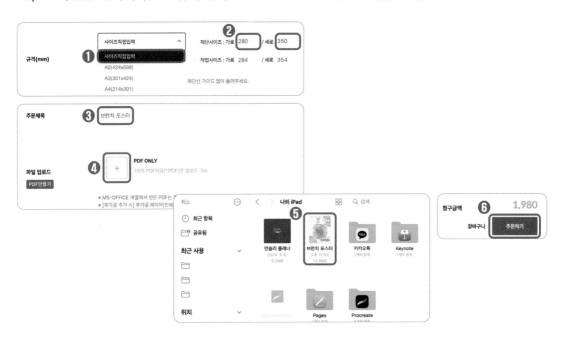

08 이렇게 주문한 포스터가 배송되면 'BRUNCH 포스터' 제작 완성입니다.

LESSON 02

SNS에 게시하고 많은 사람들에게 노출하기

요즘은 SNS를 통한 셀프 브랜딩과 마케팅이 중요해진 시대입니다. SNS는 현대 사회와 현대인의 필수 요소가 되었고, 그만큼 큰 비중을 차지합니다. 인스타그램, 페이스북, 유튜브 등 종류도 다양하죠. 이번 레슨에는 SNS의 대표적인 플랫폼 세 가지와 각 플랫폼의 특징 및 많이 노출시키는 방법에 대해 알아보겠습니다.

플랫폼별 특징과 강점

예전에는 SNS에 사진을 주로 올렸다면 요즘은 영상이 주가 되고 있습니다. 15초 이상 1분 이내의 짧은 길이의 동영상을 **숏폼(short form)** 영상이라고 하는데요. 대표적인 숏폼 플랫폼은 틱톡, 인스타그램 릴스, 유튜브 쇼츠가 있습니다. 각 플랫폼별 특징을 비교해 볼까요?

+ 인스타그램

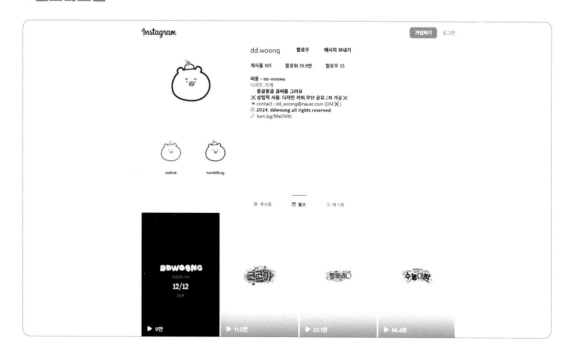

요즘엔 인스타그램을 하지 않는 사람이 없을 정도로 SNS 하면 빠질 수 없는 가장 대표적인 플랫폼이라고 할 수 있습니다. 과거에는 주로 시각적으로 보기 좋은 트렌디하고 감각적인 이미지를 아카이빙하는 용도였다면, 요즘에는 숏폼 트렌드에 편승한 **릴스**가 더욱 주목받고 있습니다. 인스타그램의 릴스는 최대 15분 길이로 올릴 수 있지만, 플랫폼 차원에서는 최대 90초 미만의 릴스 영상이 더 많은 사람들에게 추천된다고 합니다. 게다가 릴스는 별도의 편집 프로그램이 없어도 인스타그램 내에서 자체적으로 편집할 수 있어 매우 편리합니다. 아울러 스토리, 설문, DM 등을 통해 다른 사용자와 활발하게 교류할 수도 있으며, 팔로워를 대상으로 구매를 유도하는 것이 가능한 'SHOP' 기능이 있어 부가적인 수익 창출과 마케팅에 효과적입니다.

╋유튜브

유튜브는 영상 플랫폼의 강자라고 할 수 있습니다. 이러한 유튜브도 기존의 재생 시간이 긴 영상이 업로드되던 경향이 최근의 숏폼 트렌드를 만나면서 새롭게 **쇼츠**라는 별도의 카테고리가 생겼습니다. 그러다 보니 요즘에는 이 쇼츠를 주력해서 보는 사람도, 만드는 사람도 많아졌고, 이로 인해 쇼츠 전문 크리에이터도 생기고 있습니다. 저 또한 유튜브에는 거의 쇼츠만 업로드하고 있습니다. 유튜브 쇼츠의 최대 길이는 60초로, 기존의 긴 영상도 재편집하여 짧게 만들 수 있습니다. 세 플랫폼 중 숏폼 영상의 길이가 가장 짧게 제한되지만, 롱폼과 숏폼을 모두 업로드할 수 있다는 점에서 아직까지 영상 플랫폼의 최강자라고 생각합니다.

+틱톡

틱톡은 세 플랫폼 중 이용자 연령대가 가장 낮습니다. 10대 후반에서 20대 초반의 유저가 많은 만큼 젊고 키치한 감성을 자랑하는 영상들이 가득합니다. 덕분에 댄스 챌린지나 유행하는 밈 등이 끊임없이 바이럴되는 최신 트렌드의 선두 주자가 됐죠. 틱톡은 가장 짧게는 15초부터 길게는 10분 이상의 영상까지 지원하는 덕분에 영상 플랫폼으로서의 입지를 새로이 다지고 있습니다. 인스타그램과 마찬가지로 자체 앱으로 다양한 편집이 가능합니다.

내 게시물을 사람들에게 많이 노출시키는 방법

예전엔 해시태그라 하면 모든 SNS 게시글에 필수로 포함하던 요소였습니다. 하지만 요즘엔 해시태그가 가진 가치와 의미가 많이 퇴색되었습니다. 실제로 제 계정에서도 해시태그를 넣은 게시물과 넣지 않은 게시물의 조회수 차이가 거의 나지 않았습니다. 그렇다면 게시물 또는 계정이 많은 사람들에게 노출되어 인기를 얻으려면 어떻게 해야 할까요?

그 방법 중 하나로 저는 릴스(숏폼) 영상을 추천합니다. 바야흐로 이제는 릴스의 시대입니다. 요즘에는 릴스 없이는 계정을 키울 수 없다는 말이 나올 정도로 숏폼 영상의 영향력이 커졌습니다. 이미지나 사진을 올리는 게시물도 좋지만 일주일에 1~2개라도 숏폼 영상을 꾸준히 올리는 것이 중요합니다. 저도 일주일에 2~3개 정도의 영상은 반드시 올리려고 노력하고 있습니다. 이렇게 꾸준히 올리다 보면 알고리즘을 타고 점점 다른 사람들에게 노출되며 조회수도 높아지고, 유입되는 팔로워도 많아질 겁니다. 중요한 것은 **양질의 작업물**과 주기적으로 업로드하는 **꾸준함**이라는 사실을 잊지 마세요!

작가의 콘텐츠 제작 방식

저는 주로 릴스나 쇼츠와 같은 숏폼 영상을 제작하여 업로드하고 있습니다. 모든 콘텐츠는 먼저 디자인을 완성한 다음 한 번 더 같은 디자인을 그리면서 영상을 찍고 소리를 녹음합니다. 다 찍은 영상은 컴퓨터로 옮겨서 '프리미어 프로'라는 영상 편집 프로그램을 이용해 편집합니다. 보통 3~40분 길이의 풀 영상을 1분 내의 짧은 영상으로 편집하는데, 총 작업 시간은 평균 2~3일 정도 걸리는 편입니다. 이와 같은 과정을 거쳐 완성한 영상을 최종적으로 SNS에 게시하고 있습니다.

영상 작업 순서

실제 사용 중인 블루 예티 나노 마이크

프리미어 프로로 편집 중인 화면

띠웅의 SNS 현황

게시물을 올리다 보면 어느 게시물이 인기 있고 조회수가 많이 나오는지 어느 정도 흐름을 파악할 수 있습니다. 인기 있었던 요인이 무엇인지 분석하는 것도 SNS를 키우는 데 중요한 요소입니다. 그럼 저의 인스타그램과 유튜브에서 가장 인기 있던 게시물은 어느 것인지 간단히 소개하며 함께 분석해 보겠습니다.

먼저 인스타그램입니다. 다른 것에서 소재나 아이디어를 얻지 않은 순수 창작물 중 조회수가 가장 높았던 작품은 'August'였습니다.

8월을 맞이하여 디자인했던 작품으로, 여름의 특징적인 포인트 요소들을 그려 넣고 계절에 어울리는 푸른색 한 가지만 사용하여 시원한 느낌을 살렸습니다. SNS에 게시물을 올릴 때는 이렇게 특정 계절에 맞춘 디자인이나 특별한 기념일(크리스마스, 어버이날 등)을 디자인하는 등 시기에 맞는 주제를 올리는 것이 바이럴되기에 적합합니다. 그래서 저는 주로 매월 1일에 해당 월을 테마로 한 작품을 올리거나 삼일절, 크리스마스 등 기념할 만한 날의 주제에 맞는 작품을 디자인해 업로드하고 있습니다.

다음은 유튜브에서 가장 인기 있었던 작품인 'Wife'입니다. 유명 아이돌 그룹의 신곡 타이틀을 가지고 디자인했던 작품입니다. 처음 이 곡의 뮤직비디오를 보고 곡이 너무 좋고, 영상의 색감이 마음에 쏙 들어서 그 이미지를 토대로 디자인했던 기억이 납니다. 게다가 K-pop의 인기는 날이 갈수록 높아지고 있죠. 인기 있는 곡의 이미지를 차용하면 더 많은 사람들이 볼 확률이 높고, 작품이 곡의 인기에 편승해 내 계정에 많은 사람들이 유입될 가능성도 증가합니다. 실제로 이 작품을 통해 처음으로 높은 조회수를 얻었고, 그 이후로 많은 팔로워가 유입되었습니다.

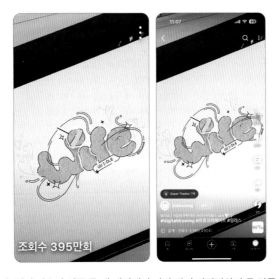

특정한 날(계절)에 맞는 주제, 인기 가수의 신곡 등 제 계정에서 가장 많이 사랑받았던 두 작품을 분석해 보았습니다. 이렇듯 일정 수 이상의 작품을 올렸다면 대중에게 어떤 작품이 주목받고, 반응이 좋았는지 본인의 계정을 계속 분석하고 이후 게시물이나 작품에도 동일한 요소나 테마를 적용하는 것이 중요합니다.

©DDWOONG

©띠웅

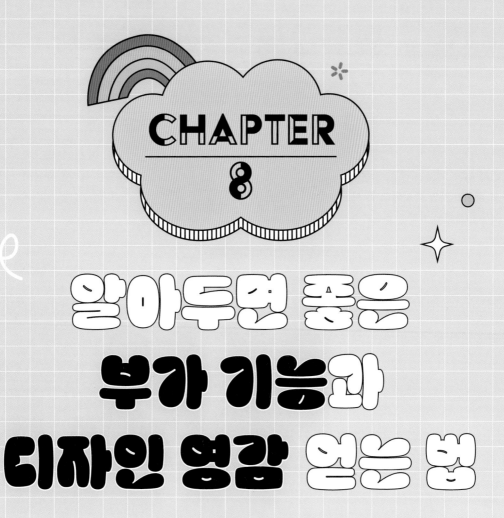

CHAPTER 8

알아두면 좋은 부가 기능과 디자인 영감 얻는 법

LESSON 01

제스처 제어로 편리한 작업 환경 만들기

프로크리에이트에는 작업을 편리하게 만들어주는 다양한 기능들이 정말 많습니다. 이 중에서도 '제스처 제어' 기능의 경우, 많은 사용자가 기본 설정된 사항을 자유롭게 변경할 수 있는 특성을 활용해서 자신의 작업 방식에 맞춰 커스텀해 사용합니다. 여러 가지 제스처들이 존재하지만, 이번 레슨에서는 그중에서 가장 활용도가 높은 제스처만 골라 소개하겠습니다.

레이어 쉽게 선택하기

그림을 그리다 보면 사진처럼 나도 모르게 불필요한 선이 그려지는 경우가 있습니다. 이런 경우에는 해당 레이어를 찾아 지워줘야 하는데, 생성한 레이어의 개수가 많아지면 어느 레이어에 그려진 것인지 바로 찾기 힘듭니다. 이럴 때 쉽게 찾을 수 있는 방법이 있습니다. 다음 설명을 읽어보며 따라 해봅시다.

01 ❶ [동작 🔧]을 터치하여 ❷ [설정]을 선택한 후 ❸ [제스처 제어]를 터치합니다. 제스처 제어 창이 열리고 제스처와 관련된 다양한 메뉴들을 볼 수 있습니다. 이 중에서 ❹ [레이어 선택]을 터치합니다. ❺ 세 번째의 [○+Apple Pencil]을 활성화한 후 ❻ [완료]를 터치합니다.

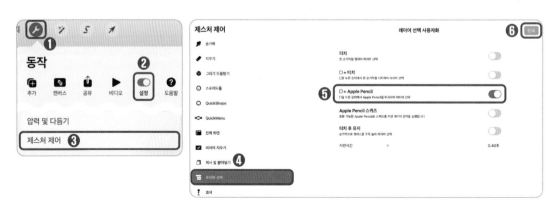

02 ① 한 손으로 사이드 바의 ⬚를 누른 채로 ② 애플펜슬로 원하는 영역을 터치하면 ③ 해당 면적에 존재하는 모든 레이어가 목록으로 떠서 원하는 레이어를 쉽게 찾아 선택할 수 있습니다.

퀵메뉴 이용하기

퀵메뉴(QuickMenu)는 내가 자주 사용하는 기능들을 쉽고 빠르게 불러올 수 있는 기능입니다. 자주 쓰는 기능들인 만큼 활성화해 놓으면 작업 효율도 그만큼 향상될 것입니다. 이번에는 이 퀵메뉴를 활성화하고 내 작업 방식에 맞게 커스텀하는 방법을 알려드리겠습니다.

01 [동작 🔧]-[설정]-[제스처 제어]에서 ① [QuickMenu]를 선택하고 ② [⬚을 탭하세요]를 활성화한 후 ③ [완료]를 터치합니다.

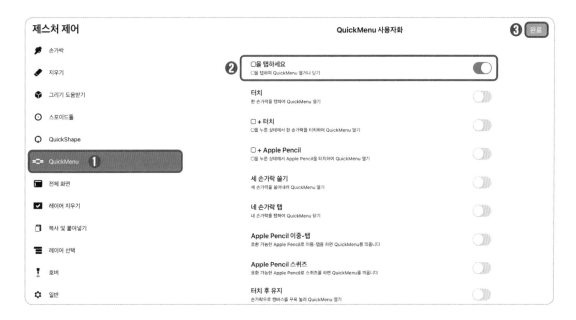

☀ 주의!

[QuickMenu]의 [⬜을 탭하세요]를 활성화
하면 ❶ 제스처 제어의 다른 메뉴인 [스포이
드툴]의 [⬜을 탭하세요]의 활성화가 ❷ 자
동으로 비활성화됩니다. 사이드 바의 ⬜ 버튼
과 관련된 제스처를 변경할 때는 반드시 하나
의 기능만 활성화할 수 있다는 점을 꼭 기억
하세요!

02 ❶ 손이나 애플펜슬로 ⬜를 터치하면 ❷ 화면 가운데 퀵메뉴가 나타납니다. 이를 통해 자주 사용하는 기능들을 곧바로 꺼내어 사용할 수 있습니다.

03 ❶ 각 기능 버튼을 길게 터치하고 있으면 뜨는 팝업 메뉴인 [액션 설정]에서 ❷ 내가 원하는 다른 기능으로 변경할 수 있습니다. ❸ 또한 가운데 [QuickMenu] 버튼을 길게 터치했을 때 뜨는 팝업 메뉴에서 ❹ ➕를 터치해 내가 ❶~❷번 과정에서 새로이 변경한 퀵메뉴 묶음을 하나의 세트로서 추가할 수도 있습니다.

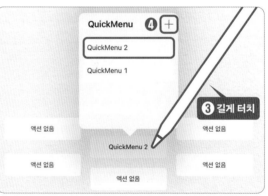

손으로 그려지지 않도록 하기

그림을 그리다 보면 손날이나 손가락이 화면에 닿아 나도 모르게 원하지 않는 선이 그어질 때가 있습니다. 이를 방지하기 위한 방법이 있습니다. 여기서는 그 방법에 대해 소개하겠습니다. 반드시 따라 적용하여 좀 더 쾌적하게 그림을 즐겨보세요.

01 [동작 🖋]-[설정]-[제스처 제어]에서 ❶ [일반]을 선택하고 ❷ [손가락으로 페인팅 켬]을 비활성화한 후 ❸ [완료]를 터치합니다.

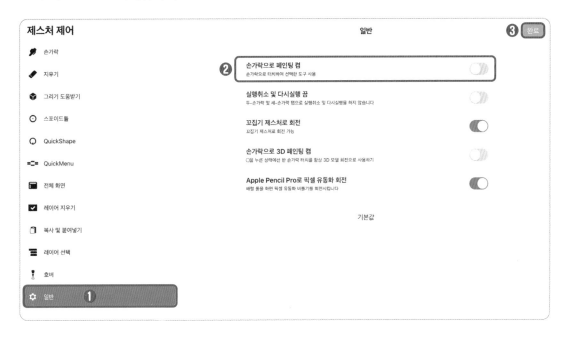

02 이제 손으로는 더 이상 선이 그려지지 않고 오직 애플펜슬만 사용할 수 있습니다.

호버 기능 활용하기

M2 칩셋 이상이 내장된 아이패드부터 새롭게 추가된 애플펜슬 **호버**는 화면을 터치하기 전에 애플펜슬이 닿게 될 지점이 어딘지를 확인할 수 있는 기능입니다. 프로크리에이트에서도 이 기능을 사용할 수 있으며, 이를 활용하면 그림을 그리거나 메모 필기를 할 때 훨씬 정밀하게 작업할 수 있습니다. 이번에는 이 호버 기능을 활용한 제스처를 알아보겠습니다.

✿ **주의!**

아이패드의 [설정 ⚙️] 앱의 [Apple Pencil] 설정에서 호버 기능이 켜져 있는지 확인하세요! 호버 기능이 활성화되어야 해당 제스처를 사용할 수 있습니다(M2 칩셋이 탑재된 아이패드 기종에 한함).

01 [동작 🔧]-[설정]-[제스처 제어]에서 ❶ [호버]를 선택하고 ❷ [터치]를 활성화한 후 ❸ [완료]를 누릅니다.

02 이 기능을 좀 더 잘 확인할 수 있도록 **❶** [동작 🔧]을 터치하여 **❷** [설정]을 선택한 후 **❸** [브러시 커서]를 터치해 활성화합니다. 이제 화면에 애플펜슬을 가까이 가져가면 브러시 커서가 나타나는 것을 볼 수 있습니다.

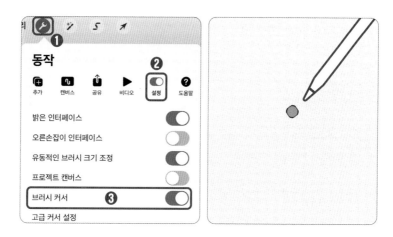

03 이렇게 애플펜슬을 호버링한 상태에서 두 손가락으로 화면을 확대하면 커서와 브러시 굵기가 모두 커지고, 반대로 축소시키면 커서와 브러시 굵기가 모두 작아집니다.

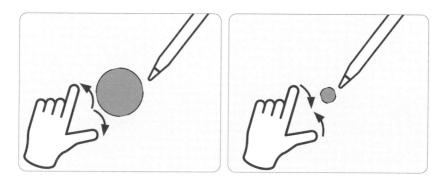

04 또 애플펜슬을 호버링한 상태에서 한 손가락으로 화면을 아래로 쓸어 내리면 불투명도가 낮아지고, 위로 쓸어 올리면 불투명도가 높아집니다.

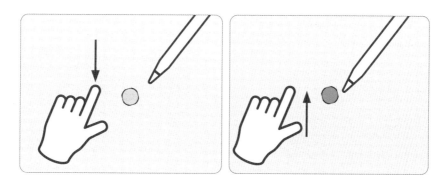

LESSON 02

그림 그릴 때 유용한 기능

프로크리에이트에는 제스처 기능 외에도 알고 사용하면 편리한 기능들이 많습니다. 이번 레슨에서는 작업의 효율성을 한층 더 올려주는 활용도 높은 기능들에 대해 알려드리겠습니다.

참고할 이미지를 띄울 수 있는 레퍼런스 기능

그림을 그리다 보면 이미지를 옆에 두고 참고해야 할 때가 있습니다. 프로크리에이트에는 캔버스 화면 안에서 참고 이미지를 띄울 수 있는 기능이 있는데요. 바로 **레퍼런스**라고 합니다. 앞서 색을 칠할 때 실습했던 레이어의 [레퍼런스] 기능과 이름은 같으나 전혀 다른 기능이니 이 차이에 유의하시기 바랍니다.

01 ❶ [동작 🔧]을 터치하여 ❷ [캔버스]를 선택한 후 ❸ [레퍼런스]를 터치해 활성화합니다. 그림 두 번째 이미지와 같이 캔버스 화면에 레퍼런스 창이 뜹니다. ❹ 레퍼런스 창 하단에 보면 총 세 가지 버튼이 있는데요. 기본적으로 [캔버스]가 선택되어 있습니다. 이 버튼을 터치하면 현재의 캔버스를 작은 섬네일로 보여줍니다.

02 ❶ 레퍼런스 창의 상단에 있는 ⬭를 터치&드래그하여 위치를 옮길 수 있고 ❷ 창의 모서리를 드래그하면 크기 조절도 가능합니다.

03 두 번째로 ❶ [이미지]를 선택하고 ❷ [이미지 불러오기]를 터치하면 사진 앱에 있는 사진을 불러와 띄워 놓을 수 있습니다. ❸ 또 불러온 이미지가 띄워진 레퍼런스 창에서 원하는 영역을 길게 터치하고 있으면 해당 색이 추출되어 그리던 캔버스에서 활용할 수도 있습니다.

04 세 번째로 ❶ [얼굴]을 선택하면 전면 카메라에 잡히는 얼굴을 인식하여 캔버스에 그려진 그림이 얼굴 안면에 필터처럼 씌워집니다. 또는 전면 카메라를 활용해 사진이나 영상을 촬영하거나 카메라로 찍히는 화면을 실시간으로 띄워 놓을 수도 있습니다. ❷ '레퍼런스' 글자 밑의 [옵션]을 터치하면 촬영과 관련된 메뉴 버튼이 뜹니다.

현재 브러시 설정을 다른 도구에도 적용하기

지금 사용하고 있는 브러시 종류를 [문지르기✐]나 [지우개✐] 도구에서도 그대로 사용하고 싶을 때 일일이 해당 도구를 열어서 브러시 종류를 선택해줄 필요 없이, 한 번에 적용할 수 있는 너무나도 쉬운 방법이 있습니다. 여기서는 그 방법을 소개하겠습니다.

01 다음 이미지처럼 [브러시✐]와 [지우개✐]에서 선택된 브러시 종류가 다른 경우가 있습니다. 일반적인 방법대로라면 각 도구에서 매번 브러시 종류를 바꿔주어야 합니다.

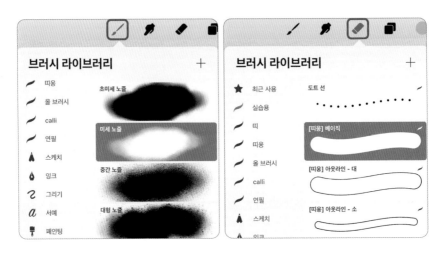

02 하지만 ❶ 애플펜슬로 [지우개✐] 버튼을 1~2초 길게 터치하면 상단에 ❷ [현재 브러시로 지우기]라는 메시지가 뜨면서 지우개의 브러시 종류도 현재 사용 중인 브러시로 동일하게 지정됩니다. 같은 방법으로 **브러시→지우개, 문지르기→브러시, 지우개→브러시**도 모두 가능합니다.

멀티태스킹으로 이미지 쉽게 불러오기

멀티태스킹이란 아이패드 화면에 여러 개의 앱을 띄우는 것을 말합니다. 프로크리에이트에서 이미지나 파일을 불러올 때 쉽고 간편하게 할 수 있습니다.

01 화면 하단에 있는 독 바(Dock bar)를 위로 천천히 스와이프합니다.

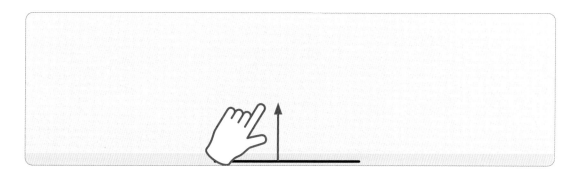

02 ❶ 메뉴 창이 나타나면 사진 앱 아이콘을 터치한 채 오른쪽(또는 왼쪽)으로 드래그하여 놓으면 프로크리에이트 화면이 줄어들며 화면이 두 개로 분할됩니다. ❷ 가운데 분할선을 좌우로 드래그하여 면적을 원하는 만큼 조절합니다.

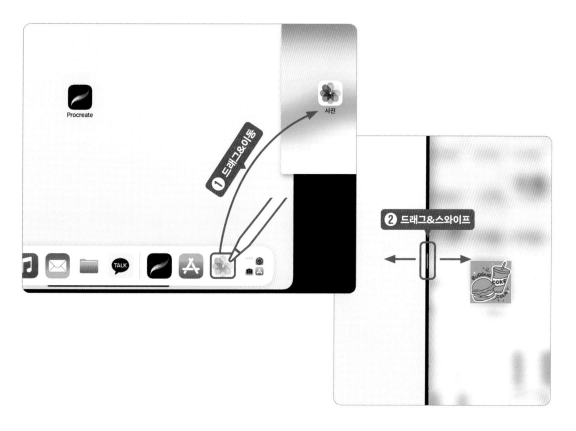

03 이제 사진 앱에서 원하는 이미지를 선택하고 프로크리에이트 화면으로 드래그하면 캔버스에 이미지가 가져와집니다.

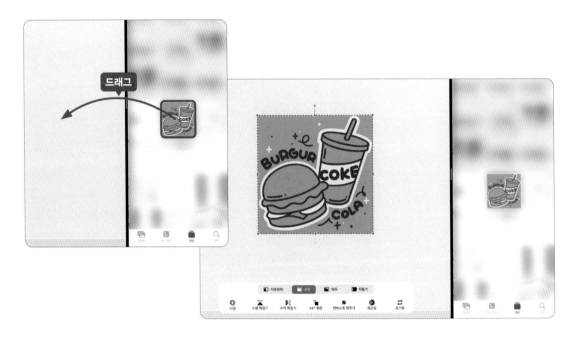

04 손가락으로 분할선을 터치한 채 화면 끝까지 드래그하면 사진 앱 화면이 사라지고 프로크리에이트 화면만 남습니다.

05 사진 앱 상단 가운데의 █████을 터치한 채 프로크리에이트 화면 위로 드래그하면 사진 앱 화면이 프로크리에이트 화면 위로 플로팅됩니다. 마찬가지로 상단의 █████을 터치&드래그하여 위치를 옮길 수도 있고 화면 끝까지 스와이프하면 창을 사라지게 할 수도 있습니다.

도장 브러시 만들기

앞서 브러시 커스텀하는 법을 보셨다면 프로크리에이트에서 나만의 커스텀 브러시를 만들 수 있다는 건 이제 잘 아실 겁니다. 이번 레슨에서는 다른 브러시에 비해 만드는 법이 간단하고 한 번 만들어두면 다용도로 활용할 수 있는 도장 브러시 만드는 법을 추가로 설명하겠습니다.

01 ❶ ＋를 터치해 기본으로 제공되는 양식인 ❷ [사각형] 캔버스를 선택합니다. ❸ 검은색을 이용해 도장 브러시로 만들고 싶은 그림을 그립니다. 이때 되도록 캔버스에 가득 차게 그리는 것이 좋습니다.

02 ❶ [동작🔧]에서 ❷ [공유]를 터치한 후 ❸ [JPEG]를 선택합니다. 새로 뜬 창에서 ❹ [이미지 저장]을 터치하여 사진 앱에 그림을 저장합니다.

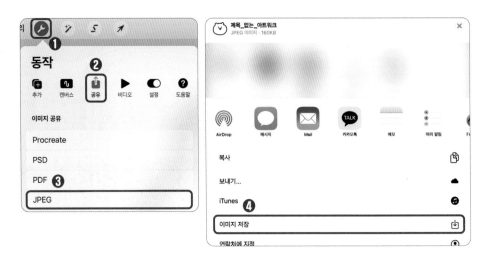

03 이제 ❶ [브러시✏️]를 선택하고 ❷ ➕ 아이콘을 터치해 브러시 스튜디오를 엽니다.

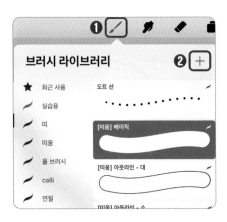

04 ❶ 왼쪽에서 [모양] 탭을 선택하고 ❷ [모양 소스] 메뉴 우측의 [편집]을 터치합니다. 이어서 ❸ 오른쪽 상단의 [가져오기]와 ❹ [사진 가져오기]를 차례로 터치합니다. ❺ 앞서 저장했던 이미지를 선택해 가져옵니다.

05 ❶ 화면을 두 손가락으로 한 번 터치하여 이미지를 반전시킵니다. ❷ [완료]를 누릅니다.

06 ❶ 왼쪽에서 [획 경로] 탭을 선택하고 ❷ [획 속성]의 [간격]을 '최대(100%)'로 조정합니다.

07 이번에는 ❶ [Apple Pencil] 탭을 선택하고 ❷ [압력]의 [불투명도]를 '없음(0%)'으로 조정합니다.

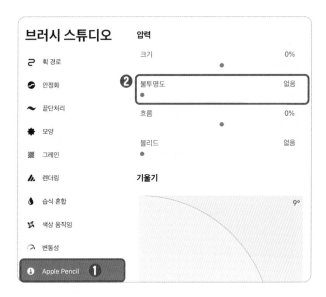

08 마지막으로 ❶ [속성] 탭을 선택하고 ❷ [브러시 특성]의 [최대 크기]를 '300%' 이상으로 조정합니다. ❸ 가장 위의 [브러시 속성]-[도장 형식으로 미리보기]를 활성화하고 ❹ [완료]를 누릅니다.

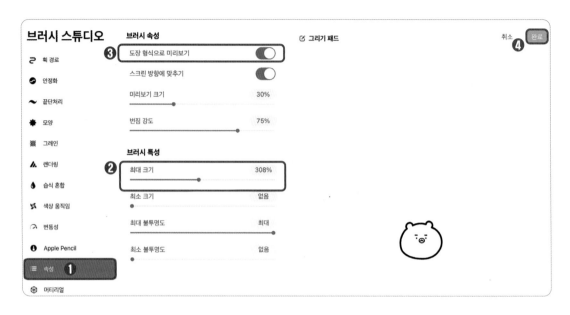

09 완성된 도장 브러시를 가지고 색상과 크기를 변경해 가며 캔버스에 자유롭게 도장을 찍어 봅시다. 도장 브러시를 복제하고 모양만 바꾸어서 또 다른 도장 브러시를 만들 수도 있으니 다양하게 시도해 봅시다.

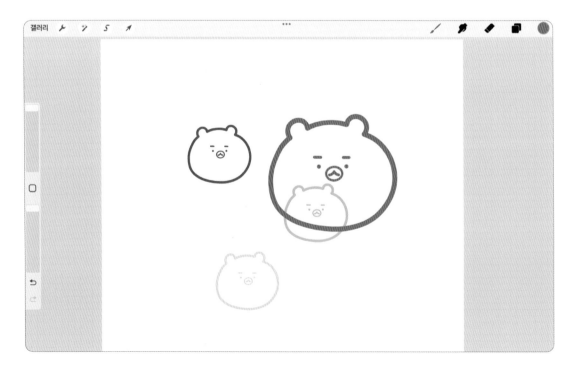

영감을 구체화하는 방법과 좋은 소재 찾는 법

예쁘고 멋있는 창작물은 아무것도 없는 상태에서 갑자기 반짝하고 나타나지 않습니다. 무언가를 창작하기 위해서는 그만큼 좋은 것들을 많이 보고, 참고자료도 많이 찾으면서 내 것으로 만드는 과정이 반드시 필요합니다. 이번 레슨에서는 제가 주로 어떤 것에서 영감과 작품에 활용할 소재를 얻는지 알려드림과 동시에, 이런 과정에서 도움이 될 만한 사이트를 소개하겠습니다.

나만의 디자인 찾아가기(마인드맵)

나의 개성을 담은 디자인을 하려면 나의 취향을 고민하는 과정이 필요합니다. 가장 쉽고 빠르게 정리할 수 있는 방법이 **마인드맵** 방식입니다. 제가 작업했던 디자인 하나를 예로 들어 어떻게 아이디어를 떠올리고 마인드맵으로 정리했는지 보여드리겠습니다.

'문방구'라는 단어를 예로 들어보겠습니다. 제가 가디자인을 할 때 가장 중요하게 생각하는 것이 바로 **색감**입니다. 옛날에 비해 요즘에는 문방구를 잘 찾아볼 수가 없습니다. 제가 사는 동네에도 세 곳이나 있던 문방구가 지금은 하나도 남지 않았습니다. 이렇듯 문방구에는 '옛날 가게'라는 이미지가 존재합니다. 그래서 메인 키워드 색감으로 옛날 감성의 빈티지한 느낌과, 아이들을 위한 공간인 만큼 유치한 느낌이 들어가면 좋겠다 생각해서 1차원적인 빨강, 파랑, 노랑 세 가지 색을 이용하였습니다.

다음으로 중요하게 생각하는 것이 타이포그래피할 글자와 연관되는 **분위기**입니다. '문방구'라는 단어에서 오는 이미지가 어린이들을 위한 동심의 세계 같은 느낌이어서 전체적으로 귀엽고 개구쟁이처럼 통통 튀는 분위기를 살리기로 했습니다.

마지막으로 중요한 것이 메인 글자와 어울리는 포인트 **소품**입니다. '문방구' 하면 생각나는 소품들을 생각나는 대로 나열해 봅니다. 복사, 코팅, 삼각자, 돼지 저금통, 불량 식품, 뽑기, 필기구 등 생각나는 단어들은 모두 적어봅니다. 이 중에서 색상과도 어울리고 포인트 요소로서 적합하다 여겨지는 요소들을 선택합니다.

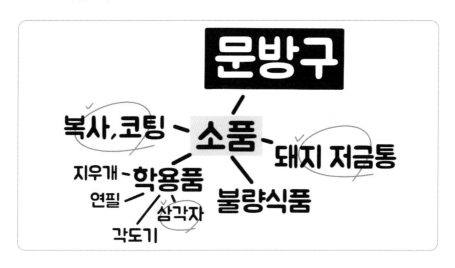

이렇게 대략적인 마인드맵이 정리되면 디자인을 시작합니다. 빈 화면에 무작정 바로 무언가를 그리기보다 이렇게 생각을 한번 정리하고 나서 그리면 아이디어가 더욱 탄탄하게 반영되어 딴 길로 새지 않는 디자인을 완성할 수 있습니다.

디자인을 예쁘고 멋지게 하는 것도 중요하지만 나만의 디자인을 찾는 것 또한 매우 중요한 부분입니다. 저는 깔끔하면서도 귀여운 느낌의 디자인을 주로 만들고 있습니다. 비록 손그림이지만 컴퓨터로 디자인한 것 같은 반듯하고 단정한 느낌에, 아기자기한 꾸밈 요소들과 포인트가 되는 아이템들을 그려 넣어 복잡한 듯하지만 전체적으로 깔끔해 보이는 디자인이 제 강점입니다. 이렇게 자신만의 느낌이나 장점을 잘 살린 디자인을 하는 것이 디자인에 있어 가장 중요한 점이라고 생각합니다.

저는 타이포그래피에 대해 '글씨를 그린다'고 표현합니다. 그만큼 나만의 디자인을 만들기 위해서는 그리고자 하는 대상에 가장 적합한 색과 의미를 찾고 그에 맞는 디자인 방식, 요소 등을 선택하는 것이 중요합니다. 여러분도 이런 과정을 통해 자신의 개성을 표현하고 색을 담은 디자인을 찾아보셨으면 합니다.

주요 참고 웹 사이트

이번에는 여전히 어떻게 디자인할지 아직 막막한 분들을 위해 여러 콘텐츠나 디자인들을 참고할 수 있는 유용한 레퍼런스가 되어줄 사이트를 소개하겠습니다. 작품을 만드는 것과 상관없이 평소에도 자주 들어가며 참고해 두면 좋은 눈을 기르는 데 도움이 될 것입니다.

✚핀터레스트

저를 포함해 대부분의 디자이너들이 가장 많이 이용하는 핀터레스트(https://kr.pinterest.com)입니다. 일러스트, 영상, 사진 등 다양한 콘텐츠들의 디자인을 손쉽게 찾아볼 수 있습니다. 특히 자신이 관심 있는 콘텐츠들은 핀(pin) 기능을 이용해 점찍어두었다가 한번에 모아 볼 수 있습니다. 또 이용하며 쌓인 데이터를 기반으로 알고리즘이 내가 원하는 느낌의 콘텐츠를 추천해 주어서 빠르고 간편한 레퍼런스 수집이 가능합니다.

✛비핸스

비핸스(https://www.behance.net)는 자신의 작품을 전시하고 타인의 작품을 검색해서 볼 수 있는 온라인 포트폴리오 사이트입니다. 핀터레스트가 개별 이미지 위주로 구성되어 있다면 비핸스는 각 디자이너가 만든 포트폴리오 묶음 위주로 올라오기 때문에 마음에 드는 디자이너의 작업 세계를 전체적으로 조망할 수 있는 데다, 프로 디자이너의 작업물이 많아 좀 더 전문적이고 체계적인 레퍼런스를 찾아볼 수 있습니다.

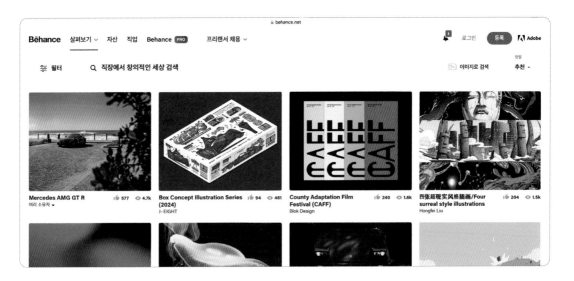

✛드리블

드리블(https://dribbble.com)은 다른 사이트와 더불어 제가 자주 이용하는 사이트입니다. 특이한 점은 초대 시스템이 있어서 기존의 사용자가 보낸 초대장을 받고 가입한 사용자만이 작업물을 올릴 수 있습니다. 그렇기 때문에 매우 높은 퀄리티의 전문적인 작업물들이 많습니다.

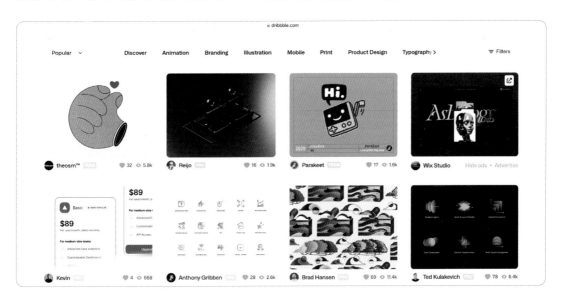

띠웅's GALLARY

책으로 처음 접하실 분들을 위해 그동안 SNS에 게시했던 작품들을 소개합니다!
띠웅의 인스타그램과 유튜브에서 더 많은 작품을 감상하실 수 있습니다.

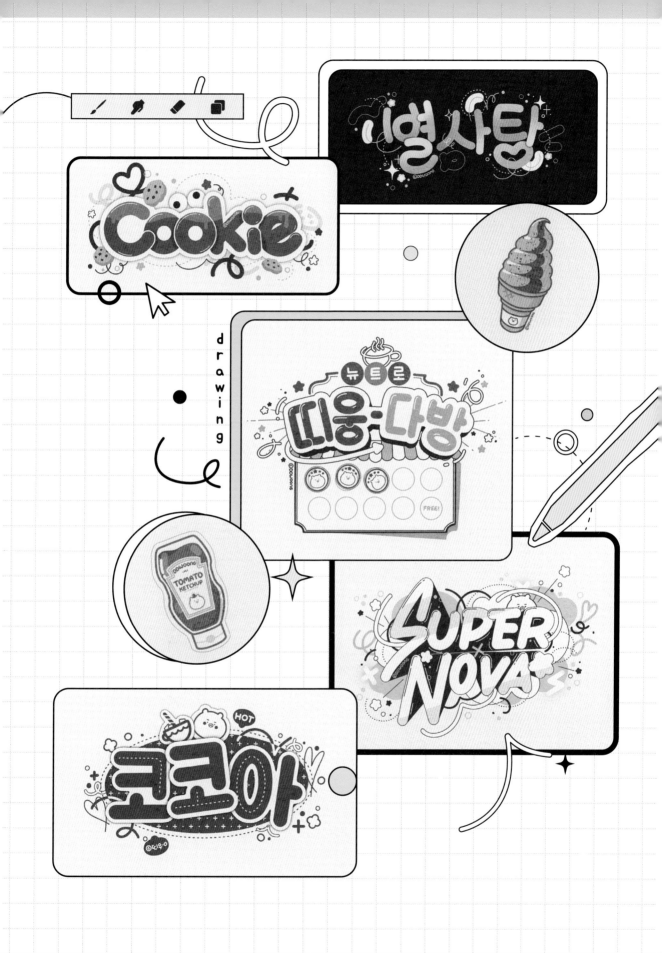

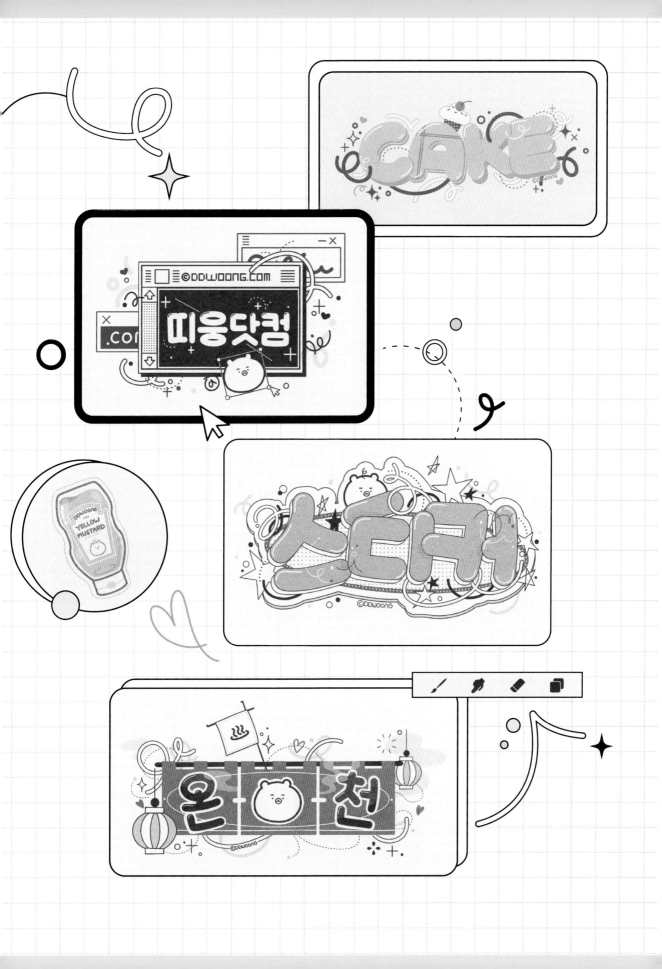

초판 1쇄 인쇄 2025년 1월 20일
초판 2쇄 발행 2025년 2월 5일

지은이 띠옹
펴낸이 김선식

부사장 김은영
책임편집 이주원 **책임마케터** 이홍규
다산스마트에듀팀장 김재민 **다산스마트에듀팀** 조아리, 이홍규
저작권팀 성민경, 이슬, 윤제희 **편집관리팀** 조세현, 김호주, 백설희
미디어홍보본부장 정명찬 **브랜드관리팀** 오수미, 김은지, 이소영, 박장미, 박주현, 서가을
뉴미디어팀 김민정, 고나연, 홍수경, 변승주
재무관리팀 하미선, 임혜정, 이슬기, 김주영, 오지수
인사총무팀 강미숙, 이정환, 김혜진, 황종원
제작관리팀 이소현, 김소영, 김진경, 최완규, 이지우
물류관리팀 김형기, 김선진, 주정훈, 양문현, 채원석, 박재연, 이준희, 이민운
외부 스태프 | 디자인 곰곰사무소

펴낸곳 다산북스 **출판등록** 2005년 12월 23일 제313-2005-00277호
주소 경기도 파주시 회동길 490
전화 02-704-1724 **팩스** 02-703-2219 **이메일** dasanbooks@dasanbooks.com
홈페이지 www.dasanbooks.com **블로그** blog.naver.com/dasan_books
다산스마트에듀 www.dasansmartedu.com
종이 스마일몬스터 | **인쇄** 민언프린텍 | **코팅·후가공** 제이오엘앤피 | **제본** 다온바이텍

ISBN 979-11-306-6125-4 (13000)

• 책값은 뒤표지에 있습니다.
• 파본은 구입하신 서점에서 교환해드립니다.
• 이 책은 저작권법에 의하여 보호를 받는 저작물이므로 무단 전재와 복제를 금합니다.

다산북스는(DASANBOOKS)는 독자 여러분의 책에 관한 아이디어와 원고 투고를 기쁜 마음으로 기다리고 있습니다.
책 출간을 원하는 아이디어가 있으신 분은 다산북스 홈페이지 '원고투고'란으로 간단하게 개요와 취지, 연락처 등을 보내주세요.
머뭇거리지 말고 문을 두드리세요.